아무 날의 비행일지

오수영

고어라운드

조화가 되지 않기 위해서

* 일러두기

- 작가 특유의 문체를 지키기 위한 비문이 포함되어 있습니다.
- 이 책의 내용은 작가의 개인적인 생각이며 특정한 항공사나 다른 승무원 집단 전체를 대변하지 않습니다.

순간과 기억

2018~2021

서문

기내는 사람으로 울창한 숲이다. 저마다 다른 나무들이 하나의 숲에서 자라나는 것처럼 각기 다른 특징을 가진 사람들도 하나의 세계에서 살아간다. 사람들은 각자의 사연을 품은 채 기내로 모여들고, 같은 목적지로 향하는 시간 동안 서로의 낯선 옆자리가 된다.

세상의 모든 국가에서 제각각 다른 삶을 살아온 사람들, 그들이 좁은 기내에서 어깨를 맞대고 함께 앉아 있는 모습을 멀리서 바라본다. 그들은 하나의 숲을 이룬 나무들처럼 조화롭기도 하지만 때로는 수십 군데로 나뉜 숲처럼 혼란스럽기도 하다.

기내에서 일을 한다는 것은 숲을 가꾸는 조경사의 역할과 비슷하지 않을까. 햇빛과 온도, 수분과 토양의 조절은 물론이고, 서로 맞물리거나 웃자란 나뭇가지들의 방향을 적절하게 조율하는 일, 그렇게 모든 나무들에게 최대한 공평하고 편안한 숲의 환경을 조성하는 일이 기본적인 업무이다.

하지만 나는 오랫동안 숲에서 길을 잃었다. 항공기가 난기류를 만나 흔들리듯 내 삶도 방황을 끝내지 못하고 이리저리 흔들렸다. 작가로 살아가고 싶었던 유년 시절의 꿈이 난기류가 되어 가까스로 안정을 찾은 내 삶을 덮쳤던 것이다. 현실과 동떨어진 꿈에 대한 미련이 나를 불투명한 먹구름 속으로 이끌었다.

세월은 아랑곳없이 성실하게 흘러갔다. 현실과 꿈 사이의 날 선 방황도 시간의 거센 물살에 서서히 침식되어 갔다. 나약해진 용기와 무뎌진 치기 뒤에 숨은 채 무턱대고 세월만 탓했다. 이제는 극단의 선택보다는 둘 사이에서 어떻게든 균형을 잃지 않으려는 태도에 삶을 걸고 싶다.

세상의 축소판인 기내라는 숲. 그 숲의 안과 밖에서 길을 잃지 않고 나만의 고유한 중심을 찾을 수 있다면, 내 삶이 또다시 극심한 난기류를 만난대도 무작정 휩쓸리지는 않을 것이라 믿는다.

2021년 8월

오수영

목차

순간과 기억 | 2018~2021

1부 - 마음을 지켜내는 일

마음을 지켜내는 일	15
유니폼을 입는다	17
끝내 알 수 없는 말	20
터뷸런스가 찾아올 때	25
조명	30
긴 하루의 끝에	34
당연한 말 한마디	38
미련	41
빌딩 숲 너머에는	44
화장실의 딜레마	47
걱정은 어른들의 몫이니까	50
변해가는 거겠지	55
우리의 로마	58
유일한 탈출구	61
대이동	64
세상에서 가장 먼 길	68

2부 - 뒤에서 닫히는 문

조화가 되지 않기 위해서	73
쓰레기가 차오른다	77
외로움이 찾아올 때	80
다시 시작할 수 있을까	84
곁에 있을게요	88
오래된 시계	94
코리안 드림	98
유실물 보관소	101
뒤에서 닫히는 문	105
나태해지는 연습	108
외국인 승무원	111
마음의 순환	115
가장 완벽한 타이밍	117
잔세스칸스	121
그때의 우리는	128
후회만 가득할 텐데	131
잠들기 위한 방법을 찾아서	135
가장 아름다운 색 검정	141

3부 - 사람만이 가능한 일

조금은 쉬어가도 되는 일이지만	145
핏물이 밴 손으로	148
깨지기 쉬운 마음	151
택시 드라이버	154
첫눈처럼 떠오르는	161
무지개 너머	164
거울 같은 당신에게	167
로드킬	171
입장의 차이	173
운이 다하는 날까지	179
사람만이 가능한 일	182
이대로도 괜찮은 걸까	187
괴담	191
사람이 그리운 걸까	201
아무도 모르게	204
평화로운 폭력	205
지독히도 현실적인	209
너는 이미 그곳에 있어	212

1부

마음을 지켜내는 일

마음을 지켜내는 일

 출근할 때는 잊지 말고 마음을 꺼내어 이불 속에 꼭꼭 숨겨두고 나오세요. 애초부터 마음이라는 게 없었던 사람처럼. 그래야 사람들에게 상처받지 않을 수 있어요.

 기내에서 사람의 말로 인해 쉽게 상처를 받던 내게 선배가 해준 조언이었다. 시간이 흘러도 머릿속에서 줄곧 지워지지 않았다. 그 말이 처음에는 쌀쌀맞고 차갑게 느껴져 인간미도 없는 사람이라며 선배의 얼굴을 넋 놓고 바라보기도 했다. 우리가 하는 업무가 도대체 무슨 일이길래 마음마저 꺼내두고 출근을 해야 한단 말인가.
 하지만 전 세계의 수많은 사람을 상대하면 할수록 선배의 말이 되살아나 가슴 속에 파문을 일으켰다. 상대방에게 꼭 상처를 줘야겠다는 악의를 갖고 말을 건네는 사람은 생각보다 많지 않았다. 다만 마음이라는 건 사람의 숫자만큼 생김새와 특성이 각각 달라서 말이 오가는 서로의 상황과 기분에 따라서도 전혀 다른 의미로 전달되곤 했다. 이해와 오해 사이의 말들이 공중을 부유하다 제멋대로 몸을 비틀고 마음의 틈새를 파고들었다.

마음을 꺼내두고 오는 일은 잠시 맡겨두는 일이다. 맡겨둔다는 의미가 반드시 되찾으러 간다는 약속과 같다면, 그것은 마음을 지우는 일과는 본질적으로 다를 것이다. 선배의 말은 유니폼을 입은 나와, 본래의 나 사이의 명확한 분리를 의미했던 건 아닐까. 그런 기계적인 일이 가능한 사람이 존재할까 싶었지만, 사람의 숲에서 길을 잃지 않으려면 필사적으로 해내야만 하는 일이었다. 인간미가 없던 말이 아니라, 인간의 마음을 지켜내려던 말이었다.

지켜내기 위해 잠시 나를 내려놓는 일.

기내에서 일하며 너무 비장한 각오를 하는 것이 아닐까 싶다. 하지만 소중한 것을 잃지 않기 위해서라면, 생의 일부를 내놓는대도 아쉽지 않을 것이다.

유니폼을 입는다

휴무 날 오후의 강남역.

지하철을 기다리며 줄을 선 사람들을 둘러봤다. 대부분 정장 차림인 그 모습이 언뜻 비슷해서 그 틈에 지인이 있었대도 알아볼 수 없었을 것이다. 다들 무슨 일을 하는 사람들일까. 겉모습만으로는 그들에 대한 아무것도 예측할 수 없었다. 누군가는 큰소리로 통화를 했고, 새치기를 했으며, 또 누군가는 새치기하는 사람을 막아 세우며 더 큰소리를 냈다.

만약 정장 대신 각자가 소속된 회사를 대표하는 유니폼을 입고 있었대도 그럴 수 있었을까. 퇴근 후의 그들은 철저한 익명으로 돌아와 있었다.

나는 일할 때 유니폼을 입는다. 유니폼을 입고 있으면 일할 때는 물론이고, 출퇴근길에도 완전한 나 자신으로 돌아올 수 없다. 그때의 나는 수많은 군중과 익명성 뒤에 숨을 수 없다. 아무리 많은 사람 틈에 섞여 있어도 나는 불특정한 한 명의 시민이 아닌 친절하고 상냥한 이미지의 '00 항공사 승무원'으로 존재한다.

다른 직업도 마찬가지가 아닐까. 만약 거리를 걷다 어려운 상황과 마주했을 때 주위에 경찰 제복을 입은 사람이 있다면 어떻게 하겠는가. 다른 누구도 아닌 그를 향해 다가갈 것이다. 비록 그가 업무를 끝내고 귀가하던 중이었대도 사람들은 그의 입장을 알 수 없다. 게다가 그 역시 제복을 입고 있는 이상 시민의 안전을 책임져야 하는 의무에서 벗어날 수 없다.

입는 사람의 태도 또한 유니폼에 따라 변한다. 점잖고 예의 바른 청년도 군복만 입으면 껄렁한 예비군 아저씨가 되어 모자부터 꺾어 쓰는 것처럼, 개인의 성격과는 별개로 유니폼을 입는 순간 목소리 톤부터 그 직업에 걸맞은 사람으로 변한다. 유니폼을 입을 때만 연기를 한다고 해서 비난받을 만큼 순진한 세상은 아닐 것이다. 유니폼을 입지 않아도 누구나 살아남기 위한 자신만의 연기를 하고 있으니까. 다만 유니폼을 입은 이상 이미지에 대한 분명한 책임과 의무가 생기는 게 아닐까.

그래서일까. 경찰, 군인, 의사, 간호사, 승무원 등등 올곧은 이미지의 직업을 가진 사람들로부터 상반된 모습을 목격하게 되면 사람들은 직접 제보를 하기도 한다. 이를테면 승무원이 유니폼을 입고 공공장소에서 에티켓을 지키지 않았다거나, 자신이 생각하던 이미지와 너무 다르다는 이유로 제보를 하는 경우도 있다. 입장을 바꿔서 생각해보면 억울한 면도 있지만, 수긍할 만한 면도 없지 않다. 유니폼은 다른 사람의 눈에 직원 개인의 상황과 특성이 아닌 직업 자체로만 받아들여지기 마련이다.

유니폼 안에는 진짜의 내가 있지만, 유니폼에 길든 탓인지 진짜의 나는 오래도록 그 안에 숨어 지낸다. 유니폼을 입을 때만 나를 지우기로 했던 어설픈 다짐이 어쩌면 진짜의 내 모습까지 지워버린 게 아닐까. 지하철을 기다리는 수많은 사람 속에서 내가 잃어버린 나의 뒷모습을 언뜻 본 것 같지만, 나는 그를 찾아 나서지 않았다.

아무래도 내가 아닌 것 같아서.

끝내 알 수 없는 말

 토론토 비행이 있던 날이었다. 미국이나 캐나다로 비행을 떠난다고 하면 기내가 서양인들로 가득한 모습을 떠올리기 쉽다. 하지만 생각보다 한국을 거쳐 미주로 떠나는 동남아 승객들과 시민권을 가진 한국인들, 그리고 약간의 현지인들로 구성될 때가 대부분이다. 그날은 휠체어가 필요한 노약자 승객들이 평소보다 많았다. 그들 중 거동이 거의 불가능한 필리핀 할아버지 승객이 있었는데, 마침 내가 담당하는 구역에 좌석을 배정받은 상태였다. 가족으로 보이는 보호자가 두 명 정도 있었지만, 이상하리만큼 할아버지를 보살피지 않아 오히려 내가 더 할아버지의 장거리 비행이 걱정되었다.

 동남아 승객 중에는 현지의 영주권을 갖고는 있지만 아직 영어에 능숙하지 못한 사람도 많았다. 특히나 연로한 승객의 경우에는 그럴 확률이 조금 더 높았다. 그날 그 할아버지와 가족들도 영어로만 의사소통을 하기에는 무리가 있었다. 게다가 조금만 눈여겨봐도 할아버지가 약간의 치매 증세를 보이고 있다는 것을 알 수 있었다. 할아버지는 식사를 제공할 때도 지금이 어떤 상황인지 알지 못했고, 계속해서 같은 말을 반복했다. 가족들은 여전히 할아버지를 챙겨주지 않았지만, 그들의 속사정은 알 수 없으니 무작정 원망할 수도 없는 노릇이었다.

비빔밥을 어떻게 비빌 줄 모르는 할아버지의 숟가락이 자꾸만 허공을 가로질러도, 옆에 앉아 있던 가족들은 자신들의 비빔밥만 열심히 비벼 먹으며 영화를 봤다. '그래도 가족인데 좀 도와주지.' 속으로는 계속 이런 말이 맴돌았다. 결국 내가 할아버지의 비빔밥을 비벼줬고, 다행히 그는 식사를 마칠 수 있었다. 그는 한눈에 보기에도 너무 연약해 보였다. 치매를 겪으며 지금은 자신의 과거의 한순간으로 이동해 살아가고 있는 것 같았다. 기내에 앉아 있지만, 그 사실을 전혀 모르는 것 같기도 했다. 안타까운 일이었지만 내가 할 수 있는 일이라고는 비빔밥을 비벼주는 것 정도밖에는 없었다.

그런데 결국 일이 터지고 말았다. 할아버지의 집이었다면 크게 문제 되지 않을 일이었다. 하지만 그곳은 열세 시간은 족히 날아가야 하는 만석이 된 기내의 한가운데였다. 승객들이 웅성거리며 전부 할아버지의 좌석

쪽을 바라보며 경악하고 있었다. 할아버지가 바지와 속옷을 모두 내린 채로 복도에 서 있었다. 그리고는 소변을 힘없이 흘려보내고 있었다. 그런데도 가족들은 화만 낼 뿐 좌석에서 일어나지 않았다. 아직 신입이었던 나도 당황한 탓에 잠깐 멍하니 서 있을 수밖에 없었다. 하지만 주변 승객들을 위해서라도 당장 상황을 수습해야만 했다.

당장 기내 담요로 할아버지의 하체를 감쌌다. 그리고는 그를 천천히 화장실로 데려갔다. 줄이 길었지만 모두가 이 상황을 눈치채고 양보해 주었다. 그때까지도 그는 소변을 멈추지 않으며 걸어왔던 것이다. 급한 대로 그를 화장실로 들여보냈는데 문제는 갈아입을 옷도 없는 상황이었다. 다행히 선배 한 명이 얇은 잠옷 바지를 구해왔지만 그는 그것조차 스스로 입을 수 없는 상태였다. 결국 내가 화장실에 같이 들어가 그의 발을 한쪽씩 들어 올리며 바지를 입혔다. 그때 그는 알 수 없는 언어로 작게 말하기 시작했는데 나로서는 전혀 알아들을 수 없었다. 어렵사리 그를 다시 좌석으로 데려갔을 때 가족들은 그제야 고맙다고 말했다. 그러더니 그를 원망하는 눈빛으로 바라보기 시작했다.

승무원 일을 하며 승객이 좌석에서 바지를 내리고 소변을 보는 모습을 목격하게 될 줄 누가 알았을까. 화장실에 들어가 승객의 바지를 직접 입혀주게 될 줄은 또 누가 알았을까. 비위생적인 것을 떠나서 혹시나 그날 유일한 남자 승무원이었던 내가 없었더라면 대체 누가 그 일을 해야 했을까. 그렇게 생각하니 오히려 내가 담당 승무원이었던 게 다행으로 여겨졌다. 그리고 가만히 앉아만 있던 그의 가족들에게 화가 났다. 어떻게든 이해해보려 했지만 도저히 이해할 수 없었다. 어떤 가족에게나 말 못 할 사정은 있겠지만, 그럼에도 그들이 직접 나서야 했던 일임은 분명했으니까.

비행기가 토론토 공항에 도착하고 승객들이 내리기 시작했다. 휠체어가 필요한 승객들도 차례대로 내릴 준비를 하고 있었다. 나는 복잡한 심경으로 할아버지의 짐을 들어주며 비행기 밖으로 안내했다. 그런데 그가 휠체어를 타고 떠나가기 전 갑자기 나를 불렀다. 무슨 일인가 싶어 뒤를 돌아봤는데, 그가 가만히 나를 바라보고 있었다. 그리고는 다시 알 수 없는 언어로 말하기 시작했다. 서로의 언어가 달라 나는 '무슨 말인지 모르겠어요.' 하며 재차 물었지만 소용이 없었다.

그렇게 그는 가족과 함께 휠체어를 타고 떠나갔다. 그날따라 나는 녹초가 되어 숙소에 도착하자마자 잠에 빠져들었다. 내 생에 가장 잊지 못할 비행 중 하나가 그렇게 끝이 났다.

하지만 나는 여전히 궁금증을 떨쳐내지 못했다. 그 때의 그 가족들은 무슨 심정이었는지, 그리고 그 할아버지는 내게 무슨 말을 전하고 싶었던 것인지.

나는 그들을 여전히 기억하고 있는데,
그들은 나를 기억하고 있을까.

터뷸런스가 찾아올 때

비행기를 타고 해외로 향하다 보면 심심치 않게 터뷸런스[1]에 맞닥뜨리게 된다. 비행기가 흔들리는지도 모를 정도로 미약한 강도의 터뷸런스가 있는가 하면, 기내의 모든 기물이 요동쳐 쏟아지는 강도, 심지어는 복도에 서 있던 사람이 공중으로 튀어 올라 천장에 부딪혀 부상을 당할 만큼 강력한 강도의 터뷸런스가 발생하기도 한다. 일반적으로는 겨울보다는 공기의 움직임이 활발해지는 여름에 훨씬 더 많은 터뷸런스가 발생하고, 유럽이나 미주로 향하는 비행보다는 적도의 근방을 통과해야만 하는 동남아 비행이나 대양주 비행일 때 더 많고 심한 터뷸런스에 맞닥뜨리게 된다.

그래서 기장은 비행을 시작하기 전 그날의 기상 상황에 대한 정보를 공유한다. 출발 공항과 도착 공항의 날씨뿐만 아니라, 대략 이륙 후 어느 구간에서 비행기가

---
1) Turbulence: 난기류

흔들릴 것이니 그것에 미리 대비해야 한다는 중요한 정보들이다. 그 정보에 따라 승무원들은 식사 서비스의 시점을 조절하기도 하고, 서비스를 잠시 중단하기도 한다. 승객들과 마찬가지로 승무원의 입장에서도 식사 서비스 때만큼은 비행기가 차분하게 날아가는 것이 최상의 조건이다.

식사를 제공 할 때 비행기가 흔들리면 제때 식사를 제공할 수 없는 것은 물론이고, 식사와 음료가 한꺼번에 쏟아지기도 하며, 무거운 카트와 함께 승무원도 중심을 잃게 되어 안전을 보장할 수 없다.

대부분 터뷸런스는 사전에 예보된 구간에서 찾아온다. 그만큼 승무원은 안전 규정에 따라 기내 상황에 미리 대비하고 있다. 이를테면 먼저 비행기가 흔들릴 때 선반에서 떨어져 부상을 일으킬 수 있는 물건들을 고정해 놓거나, 터뷸런스의 강도에 따라 승객뿐만 아니라 승무원도 점프싯[2]에 앉아서 대기하는 것이다. 그래도 지금의 터뷸런스가 얼마나 지속될지 탑승 전에 대략적으로 전해 들었을 뿐만 아니라, 기장이 탁월한 조종 실력으로 최대한 터뷸런스를 피해 우회하여 운항할 것임을 믿기에 크게 불안하지는 않다.

---

2)　Jump seat: 승무원 좌석, 비상시 안전 업무 수행을 위해 각 비상구 주변에 위치

하지만 터뷸런스는 언제든 갑작스럽게 찾아오기도 한다. 사전에 예보도 없이 평화롭던 기내가 한순간 뒤흔들린다. 얼마나 세게 흔들릴 것인지, 언제까지 흔들릴 것인지 사전에 전해 들은 바가 없어 그럴 때는 승무원들도 좌석에 앉아서 무작정 기다릴 수밖에 없다. 화장실이 급한 승객이 갑자기 일어나 이동을 하면 언제나 전하는 말이 있다. 지금은 괜찮아도 갑자기 심하게 흔들릴 수 있으니 좌석으로 돌아가 달라고. 터뷸런스가 언제 끝나게 될지는 우리도 알 수 없다고.

오랫동안 일을 해온 선배들은 자신이 심각한 터뷸런스를 겪었을 때의 일화를 줄곧 말해 주곤 했다. 갑자기 비행기가 요동치던 날 무거운 카트가 쓰러지며 자신을 치는 바람에 구석까지 몸이 날아갔다는 선배, 기내 복도에서 승객 쪽으로 쓰러지다 갈비뼈가 좌석 팔걸이에 부딪혀 골절됐다는 선배 등등. 그들은 재미 삼아 부풀려 이야기하는 것이 아니었다. 게다가 여전히 비행기가 심하게 흔들리기 시작하면 어떻게든 가까운 곳에 있는 손잡이를 잡게 된다고 했다. 그들은 아직도 그때의 트라우마를 겪고 있는 것이다.

갑자기 찾아와 언제 끝날 줄 모르는 터뷸런스. 그것은 진부한 비유일 수도 있겠지만, 우리의 삶에 불쑥 찾아오는 수많은 시련의 속성과 너무도 닮아있다. 끝을 알 수 없기에 얼마나 더 안간힘을 써야 캄캄한 먹구름 속에서 벗어날지 모르는 상태. 인생의 한 구간을 자신만의 보폭으로 성실하게 걷고 있을 뿐인데 터뷸런스는 예보도 없이 찾아온다. 누군가 우리 삶의 터뷸런스가 대체 언제쯤이면 끝나게 될지 귀띔이라도 해준다면 비록 실신 직전일지라도 웃으며 버텨낼 수 있을 텐데. 하지만 안타깝게도 그것을 미리 알 수 있는 사람은 아무도 없다.

문득 여전히 트라우마를 겪는다던 선배의 말이 떠올랐다.

"많이 흔들릴 것 같으면 주변의 고정된 사물을 꽉 잡고 있어 봐. 그렇게 뭔가를 꽉 붙들고 있으면 불안한 마음도 조금씩 진정되기 시작하더라. 그러다 보면 어느새 터뷸런스가 지나갔는지도 모를 때도 있고."

삶을 살아가면서 기댈 수 있는 곳 하나라도 갖고 있다면 대단한 행운이 아닐까. 삶이 극심한 터뷸런스에 요동치고 있을 때 내 곁에 말없이 있어 주는 가족이나, 친구들, 연인, 혹은 반려동물이나 식물 등등. 그 어떤 것이라도 언제까지나 내가 기댈 수 있는 단단한 존재가 되어 줄 수 있다. 하지만 설령 주위에 아무것도 없다 할지라도 너무 실망할 필요는 없다. 비행기가 흔들릴 때 몸을 최대한 낮추는 방법으로도 피해를 최소화할 수 있는 것처럼, 사람은 스스로가 자신의 버팀목이 되어줄 수 있으니까.

터뷸런스는 언제 끝날지 아무도 모른다. 다만 그것에 대비해 우리 곁의 사람들과, 더욱 단단해질 자기 자신을 무작정 믿어볼 뿐이다. 그렇게 우리가 서로에게 기댈 수 있다면, 또 그렇게 함께라면 터뷸런스 속에서도 안정된 흐름을 찾게 되지 않을까.

조명

　불 꺼진 캄캄한 기내 복도를 걸었다. 조명이 꺼진 기내의 모습은 가로등 없는 시골길의 밤과 닮아있었다. 길을 걷다 저만치 멀리 희미한 산의 능선이 보이는 것처럼 기내에는 등 돌린 좌석들이 일정한 간격으로 능선을 그리고 있었다.

　승객들은 그 능선 아래에서 단잠에 빠져있거나 영화를 보고 있었다. 그런데 유일하게 조명이 켜져 있는 좌석이 있었다. 멀리서 바라봐도 그 조명이 주변을 환하게 비추고 있었다. 혹시나 그곳에 있는 승객이 조명을 켜둔 채로 잠이 든 게 아닐까 싶어 나는 천천히 그곳으로 향했다.
　근처에 다다르니 그곳에는 백발의 할머니가 앉아 있었다. 그녀는 내가 곁에 다가선 인기척도 느끼지 못할 만큼 무언가에 열중하고 있었다. 작은 노트를 펼치고 그녀는 연필로 뭔가를 쓰고 있었다. 멀찌감치 떨어져 한동안 그녀의 손길을 눈에 담았다. 주름진 손이 글씨를 써 내려가다 한참 동안 멈추기를 반복했다. 손이 멈춰있을 때의 그녀는 가만히 눈을 감고 생각에 잠겨있는 것처럼 보였다.

그것은 시였다. 그녀는 시를 쓰고 있던 것이다. 문장을 써 내려가다 막히면 다음 문장이 떠오를 때까지 차분하게 기다리는 모습이었다. 생각에 잠겨 미간을 찌푸릴 때마다 그녀의 얼굴에 깊이 팬 주름이 조금 더 짙어졌지만, 어쩐지 그것에서 연륜보다는 진득한 고뇌가 느껴졌다. 그녀가 시를 쓰고 있다는 사실 때문에 실제보다 훨씬 고상하게 비치는 것일까. 시, 문학, 글쓰기, 그리고 작가. 네 단어에 생각이 머물렀다. 그리고는 난데없이 가슴이 뛰었다.

한때는 내게도 글이 전부인 시절이 있었는데, 나는 그것을 까마득히 잊고 살았다. 작가에 대한 동경을 갖기 시작한 순간부터 문학은 늘 내 곁에 있었다. 비록 문학은 나를 품어주지 않았지만, 나의 짝사랑은 변함없었다. 하지만 오랜 지망생 시절 앞에서 한결같던 짝사랑도 지치고 말았다.

'글이 다 무슨 소용이야. 가난하게 살 각오도 없으면서.'라는 생각으로 골방의 문을 열고 나왔고, 뒤늦게 남들처럼 취업 준비를 해보겠다며 발버둥을 쳤다.

다시는 글 같은 것에 눈길도 주지 않을 각오로, 그렇게 직장인이 되었다.

시를 쓰는 그녀 곁에서 혼자만의 상념에 잠겨 있었다. 그러던 중 그녀가 인기척을 느꼈는지 곁에 서 있던 나를 알아채고 놀란 표정으로 말했다.

"죄송해요. 주변에 방해가 된다면 얼른 조명을 끌게요."

사과할 사람은 나였다. 괜찮다며 황급히 물러서는 나를 바라보며 그녀가 웃음 지었다. 사람 좋은 넉넉한 미소였다. 숱한 사연을 품은 채 말없이 세월을 견디는 한 그루 나무가 떠올랐다. 어쩌면 주름은 노화가 아닌 완숙의 상징이기도 한 걸까. 나는 궁금증을 참지 못하고 그녀에게 질문을 건넸다.

"손님, 혹시 실례지만 시인이신가요?"
"네? 아니에요. 그게… 요즘 시 창작 수업을 듣고 있는데 이번에 다 같이 신춘문예에 내보기로 해서요."

그녀는 괜한 말을 꺼냈다 싶었는지 수줍은 기색이었다. 아마도 어릴 적 그녀는 꿈 많던 문학소녀가 아니었을까. 신춘문예에는 나이 제한이 없다. 그래서 새해를 시작하는 신문에서는 남녀노소를 불문하고 당선된 신인들의 사진과 당선 소감을 볼 수 있었다. 언젠가 그녀의 수줍은 미소를 신문에서 볼 수 있는 날도 찾아오지 않을까. 음료라도 한 잔 권해보고 싶었지만, 또다시 그녀의 정적을 깨버릴까 봐 이내 그만두었다.

 조명이 어둠을 밝게 비추는 줄 알았지만, 알고 보니 사람과 열망이었다. 때로는 사람이 조명보다 환하다. 꿈을 품은 사람 곁에 있으면 어느새 닮아간다고 했던가. 단 한 번 비행에서 마주친 시인 할머니의 모습에 잃어버렸던 나의 꿈도 다시 시동이 걸릴 줄은 그때는 알지 못했다.

긴 하루의 끝에

 회사에 도착하니 새벽 다섯 시였다. 중국으로 떠나는 가장 이른 비행이 있는 날이었다. 비행 전 브리핑에 참여하기 위해 배정된 브리핑실로 향했다. 아직 아무도 도착하지 않았는지 방안은 어둠만이 가득했다. 집에서 조금 천천히 출발할 걸 그랬다는 생각으로 조명을 켠 순간이었다.

 어둠 저편에 친한 선배가 섬처럼 앉아 있었다. 갑자기 밝아진 조명에 그녀가 화들짝 놀라며 얼굴을 가렸다. 어째서 불도 켜지 않고 앉아 있었느냐고 물으려던 찰나 그녀의 볼에 눈물 자국이 번져있다는 걸 알아챘다. 실수를 한 기분이 들었다. 아무래도 조금 늦게 출근을 해야 했던 것이다.

 그녀가 잠시 화장을 고치고 돌아왔을 때 사정을 알게 되었다. 간밤에 사랑하는 사람과의 이별을 겪고 잠들지 못해 그 길로 곧장 출근한 것이었다. 갑작스레 찾아온 이별의 이유라도 알고 싶은 답답한 마음에 전화기를 놓지 못한 채 밤을 지새웠다고 했다. 그녀의 쉰 목소리와 부은 눈이 간밤의 상황을 짐작하게 했다.

    모두가 모여 그날 비행과 관련된 브리핑을 진행하는 동안에도 그녀는 평소와 달리 집중하지 못했다. 심란한 표정만이 간밤의 흔적과 그녀의 심정을 대신 말해주고 있었다. 브리핑 후 셔틀버스를 타고 공항으로 이동할 때도 그녀는 전화기를 손에서 놓지 못했다. 통화연결음이 끝도 없이 이어지고 있었다.

    비행기가 이륙하자 그녀는 세상과 완벽하게 단절되었다. 그 사람에게 전화를 걸 수도, 받을 수도 없게 된 것이었다. 이제부터 최소 몇 시간은 흘러야 다시 전화를 확인해 볼 수 있다는 사실이 내게도 비극적으로 다가왔다. 그 시간 동안 그 사람의 마음이 어떻게 흘러가게 될지, 그녀로서는 비행이 끝날 때까지 홀로 짐작해 보는 수밖에 없었다.

    그녀와 함께 승객들에게 식사를 제공 할 때였다. 그녀는 애써 평소처럼 미소를 지으려 하고 있었지만 얼굴에 드리워진 그늘을 감출 수는 없었다. 마음은 이미 나락으로 떨어졌을 텐데 서비스 업무는 개인의 사정과는 별개로 흘러가야 했다. 하지만 자신의 기분을 완벽하게 감출 수 있는 사람이 얼마나 될까.

이윽고 피하고 싶었던 상황 하나가 그녀에게 다가왔다. 중년의 한 승객이 그녀의 표정과 행동을 유심히 관찰하고 있었다. 그 승객의 눈에 뭔가 굉장히 불편한 장면이 연출되고 있었던 걸까. 잠시 후 그가 그녀에게 말했다.

승무원이 너무 불친절한 것 같다고, 아침부터 표정이 마음에 들지 않는다고, 그러니 매니저를 불러오라고.

혼란스러운 상황이었다. 그녀의 몸이 얼어붙기 시작했다. 그녀가 할 수 있는 일은 그 승객에게 사과하고 매니저를 불러오는 것뿐이었다. 간밤에 개인적으로 이런 일이 있었다고 하소연할 수도 없는 일이니까. 매니저와 그 승객 간의 대화가 이어지는 동안 그녀는 갤리[1]에 홀로 남아있었다. 아마도 울고 있었을 것이다. 잠시 뒤 매니저가 그녀를 찾아갔다. 그리고는 갤리의 커튼이 닫혔다. 그 안의 상황에 대해서는 알 수 없었다. 다만 시간이 조금 흐르고 선배가 한결 차분해진 얼굴로 커튼을 열고 나오던 모습이 다행스러웠다. 일부러 별일 없었느냐고 물어보지 않았다. 아무것도 함부로 묻지 않는 편이 나을 것 같았다. 그녀의 시간은 여전히 어제에 멈춰있을 것이고, 오늘의 비행이 끝나기 전에는 결코 흘러가지 않을 테니까.

---

1) Galley: 선박과 항공기의 조리실

내게도 그런 날이 있었다. 시간의 흐름이 이별의 순간에 못 박힌 것처럼 느껴지던 날, 나 또한 마음이 구겨진 채 기내에서 일하고 있었다. 그때처럼 사무실 직원의 삶이 부러울 때가 없었다. 오직 컴퓨터 화면에만 전념해서 서둘러 하루를 끝내고 싶었다. 구태여 마음과 정반대의 표정을 지을 필요 없이 화면 속 문장과 숫자로만 하루를 채울 수 있기를 바랐다. 물론 사무실 직원에게도 차라리 사람과 대면하는 일이 부러울 정도로 참을 수 없는 고충은 얼마든지 있을 것이다. 누구에게나 각자의 고충이 세상에서 가장 무거운 시련이라는 것을 알지만, 안다고 달라질 것은 없었다.

퇴근길의 그녀는 아무리 불러도 뒤돌아보지 않았다. 계속해서 전화기만 바라보고 있었다. 그녀의 구두 소리와 캐리어 바퀴 소리가 공항 가득 울리며 이어졌다. 나는 더는 그녀를 부르지 않았다. 누구보다 긴 하루를 보냈을 사람이었다. 다만 그녀의 하루 끝에 적당한 반전이 있기를 바랐다.

당연한 말 한마디

친구에게 전화가 왔다. 다음 달에 태국 여행을 떠날 예정인데 아무래도 내가 전 세계를 돌아다니는 승무원이니 숨은 맛집이나 관광지를 추천해달라는 것이었다. 친구는 내가 해외에 머물 때도 숙소에서 대부분의 시간을 보내는 부류의 사람이라는 것을 알지는 못했다. 그래도 비행기를 타는 것이 직업인 사람이 여행과 관련된 아무런 정보도 모른다는 건 조금 부끄러워서 동료들에게 얼핏 들은 장소들을 추려서 친구에게 건넸다.

친구는 현지인들의 추천보다 훨씬 신뢰할 만한 정보를 얻었다는 생각에 적잖이 만족하는 것 같았다. 실은 나도 잘 모르는 곳인데. 친구와의 이야기는 자연스레 승무원들의 삶으로 옮겨갔다. 평소에도 나와 자주 대화를 나누는 친구라서 승무원의 삶에 대해 웬만한 부분들은 꿰뚫고 있었다. 사람을 상대하는 일의 진부하지만 늘 새로운 애환까지도. 그럼에도 늘 색다른 질문을 하는 것을 보면, 누구나 다른 직종에 대한 궁금증은 끝이 없는 듯했다.

이야기를 마무리 짓고 전화를 끊으려는 찰나에 친구가 다급하게 나를 불렀다.

"맞다. 이것도 꼭 물어보고 싶었는데, 혹시 승무원들은 승객에게 어떤 말을 들었을 때 가장 감동을 받아?"

단순한 질문이었지만 생각할수록 어려운 질문이었다. 돌이켜보면 승무원으로 일하면서 정말 많은 일이 있었다. 대부분 사람의 말에서 비롯된 일들이었다. 어떤 말은 나를 나락으로 떨어뜨렸고, 어떤 말은 나를 다시 일으켜 세웠다. 사람의 말은 흉기이기도 했고, 동시에 구원이기도 했다. 그 수많은 말 속에서 내가 가장 힘을 얻었던 특별한 말은 무엇이었을까. 마음에 간직한 말은 많았지만 하나를 꼽자니 실타래처럼 엉키는 느낌이었다. 하지만 마침내 실타래의 중심에서 가장 굵은 실 한 가닥을 잡을 수 있었다.

"고맙다는 말. 아무래도 이 말이었던 것 같아."
"다른 말도 아니고 그 당연한 말에 힘이 생긴다는 거야"?
"말로 상처를 받기 쉬운 환경에서는 당연하지만 따뜻한 말 한마디에 감동도 쉽게 받거든."

대충 상황에 맞게 둘러댄 말이 아니었다. 늘 고맙다는 말 한마디에 진심의 미소가 지어졌다. 그 말 한마디에 지쳐있던 마음의 경계를 풀고 다시 사람과 이어질 수 있었다. 나는 승무원이니 서비스를 제공하는 것이 '당연'하고, 승객은 서비스를 제공받는 것은 '당연'하다. 하지만 그럼에도 서로에게 건네는 그 당연한 말 한마디가 서로의 마음을 데워줄 수 있다면 구태여 아껴둘 이유가 있을까.

당연한 건 없다지만 사회생활을 하면서부터는 업무적으로는 당연해 보이는 일들이 많아졌다. 하지만 역시나 당연함을 당연하지 않게 받아들이는 태도로 사람을 대했을 때, 다행히도 아직은 서로 마음을 나눌 수 있는 환경에서 살아간다는 위안을 느낄 수 있었다.

친구와 전화를 끊으며 고맙다는 말 한마디에 진짜의 미소로 환하게 웃던 내 모습들이 머릿속을 스쳐 지나갔다.

미련

「신화, 영웅, 그리고 시나리오 쓰기」, 크리스토퍼 보글러
「인간의 마음을 사로잡는 스무 가지 플롯」, 로널드 B. 토비아스
「시나리오란 무엇인가」, 사이드 필드

 책장 정리를 하다 발견한 내 지나간 이십 대의 전부와도 같았던 책들이다. 세 권 모두 영화 시나리오 작법에 관한 내용이고, 그 시절에는 작법의 교과서처럼 불리던 책들이다. 그 시절 언제나 책상 한편에 두고 내가 쓴 시나리오는 이 책들이 말하는 매력적인 플롯의 공식들과는 얼마나 다른지 틈만 나면 들여다보곤 했다.

 이십 대는 그 과정의 연속이었고, 그것 이외의 다른 삶의 모습은 찾아볼 수 없었다. 사람을 만나거나 사랑에 빠지는 일보다 작은 내 방에서 홀로 문장과 다투는 일이 즐거웠다. 그러다 밥벌이를 위해 다른 일을 찾아 충무로를 떠나던 날에도 내가 쓴 습작들 앞에서 좀처럼 미련을

버리지 못했다. 결국 꿈을 이루지 못했으니 이십 대라는 청춘의 시간을 허비했다고 믿으며 살았다.

지금은 전혀 다른 일을 하며 그때와는 다른 사람처럼 살고 있지만, 한편으로는 여전히 이십 대 그 시절과 다르지 않은 꿈을 꾸고 있다는 생각을 했다. 요즘은 가끔 글을 쓸 때마다 이야기의 연결에 대해 많은 생각을 하게 되는데, 그 과정에서 각기 다른 이야기들도 주제가 같으면 어떻게든 하나의 흐름으로 연결되는 모습을 발견할 수 있었다.

그렇다면 삶을 이루는 다양한 장면들도 언뜻 보면 모두 별개이지만, 품고 있는 목표가 같다면 결국은 하나의 이야기처럼 연결되지 않을까.

거창한 꿈은 아닐지라도 일상에서 결코 놓을 수 없는 오랜 취미나 습관 같은 것들이 사람의 생각과 행동, 그리고 선택의 방향에 깊숙이 관여한다면 삶의 끝에는 비슷한 장면들로 편집된 결말이 기다리고 있을 것이라 믿는다.

이 책들을 버리지 못한 이유도 결국은 미련 탓이겠지만, 그 미련 덕분에 책과 글쓰기에서 너무 멀어지지 않은 삶을 살게 되었으니 내 이십 대 시절도 그렇게까지 낭비는 아니었다는 혼자만의 위안을 삼아본다.

이제는 내 삶에서 전부가 될 순 없겠지만, 이렇게 불현듯 찾아와 가슴을 울리는 추억처럼 책장 한구석에 오래도록 꽂혀 있길 바랄 뿐이다.

빌딩 숲 너머에는

뉴욕의 숙소는 맨해튼의 중심에 있다. 세월의 흔적이 오래 쌓여 시설이 세련되진 않았지만 숙소를 나서면 곧장 맨해튼 거리를 거닐 수 있는 최적의 위치라는 점에서는 이견이 없었다. 높게 솟은 빌딩들과 나뭇가지처럼 빌딩 벽에 다닥다닥 붙어있는 전광판들이 거리의 사람들을 내려다보고 있었다. 도시 전체가 슬픔을 모르는 사람처럼 반짝거렸다. 주변을 둘러볼 때마다 모두가 밝게 웃으며 빌딩 숲을 배경으로 사진을 찍고 있었다.

밤늦게 숙소에 도착한 탓인지 허기가 찾아왔다. 아무런 간식도 챙겨오지 않은 날이었다. 고민 끝에 간단한 요깃거리를 구하러 밖으로 나섰다. 한식당이 있는 곳까지 걸어가려면 꽤 먼 거리를 걸어야 했다. 구글맵은 무엇보다 최단 거리를 위주로 안내해 주려는지 나를 자꾸만 어두운 골목으로 이끌었다. 맨해튼의 중심에서 조금 벗어났을 뿐인데 뒷골목은 전혀 다른 분위기였다. 앞뒤가 다른 사람의 속내처럼 검고 탁한 골목의 거리를 걷고 또 걸었다.

쓰레기 더미로 가득한 거리의 곳곳에 노숙자들이 있었다. 그들은 모두 누워있거나, 쓰러져있거나, 비틀거리며 걷고 있었다. 가로등 불빛도 없는 이국의 뒷골목에서 무방비 상태로 그들 사이를 걷는 일은 본능적인 경계심을 들게 했다. 누군가가 나를 불러세우며 비틀린 목소리로 말을 걸었지만 걸음을 멈추면 안 될 것 같았다. 그에게 대수롭지 않은 표정을 건네며 발걸음을 재촉했다. 하지만 떠나는 나를 바라보는 그의 눈빛과 손짓은 무기력했다. 내가 아닌 지나가는 누구에게라도 말을 걸던 것 같았다.

바로 옆 거리에서는 모두가 휘황찬란한 전광판 아래에서 축제를 즐기고 있는데, 뒷골목의 사람들은 그곳과 동떨어진 채 하루의 밤을 버티고 있었다. 자본과 금융의 중심지인 뉴욕도 별다른 건 없었다. 오히려 그 대비가 극명하게 느껴졌다. 노숙자가 없는 도시는 없겠지만 도시가 품은 분위기에 따라 거리가 조금씩 다르게 비치기도 했다. 언젠가 파리의 밤거리를 걸을 때 한 노숙자가 다가와 자신이 시를 써줄 테니 돈을 달라며 거래를 제안한 적이 있었다. 예술의 도시인 탓이었을까. 아니면 내가 영화를 너무 많이 본 탓이었을까. 그 모습이 낭만적으로 느껴지던 이상한 경험이었다.

골목을 벗어나자 다시 밝은 밤이었다. 한식당이 있는 거리에 도착하니 마음이 놓였다. 한글 간판, 한국 가게, 한국 사람들. 익숙한 장면이 펼쳐지자 경계심도 사그라졌다. 식사를 포장해서 다시 숙소로 돌아갈 때는 일부러 멀지만 밝은 거리로 걸었다. 밤을 잊은 관광객들이 끊임없이 걷고 있었다. 그런데 사람들의 걸음 사이로 노숙자 한 명이 보였다. 그는 쓰레기통 주변에서 버려진 피자 박스를 뒤적이고 있었다. 그리고는 금세 사람들의 모습에 가려졌다. 잘못 끼워 맞춘 영화의 두 장면처럼 각각 공존했지만 철저하게 분리되어 있었다.

밝은 거리의 빌딩 숲 너머에도 수없이 많은 그들이 있을 것이다. 어둑한 거리에서 하루를 마감하며 누군가에게는 위협이 되고, 누군가에게는 연민이 되면서, 점점 더 중심으로부터 멀어지는 섬이 되면서. 문득 섬의 낮과 밤에 대해 떠올려봤다. 나는 알 수 없는 바다 한가운데의 고독하고 차가운 세상이었다. 숙소에 돌아오니 어느덧 창밖으로 뉴욕의 밤이 저물어 있었다. 내가 걸었던 그 거리에는 또 다른 모습의 새벽이 도사리고 있을 것이다. 세상을 있는 그대로 받아들이는 일에 나는 아직도 역부족이다.

화장실의 딜레마

비행 중 가장 난감한 상황 하나를 꼽자면, 터뷸런스로 비행기가 잔잔하게 흔들리고 있을 때 화장실이 급한 승객들이 자꾸만 좌석에서 일어나는 순간이다. (심하게 흔들릴 때는 위급한 상황이 아니라면 누구도 좌석에서 일어날 엄두를 내지 않는다) 항공법상 기류가 불안정해 좌석벨트 표시등이 켜지게 되면 승객들은 좌석에 앉아 반드시 벨트를 착용해야 한다. 하지만 평범한 사람의 생리적 신호는 벨트 사인과는 상관없이 찾아온다. 그것은 예고도 없이 불쑥 찾아오고, 얼마나 버틸 수 있을지 누구도 가늠할 수 없는 불규칙하고도 절대적인 신호이다.

터뷸런스 구간이 짧으면 승객들도 그동안은 충분히 화장실을 가지 않을 수 있지만, 문제는 그 구간이 끝도 없이 이어질 때이다. 그럴 때는 승객들도 더는 생리적 신호와 대적할 수 없는 상황에 이르러 자신의 의지와 상관없이 좌석에서 일어나게 된다. 그때마다 승무원들은 승객에게 '기류가 불안정하니 좌석으로 돌아가서 벨트를 착용할 것을' 요청할 수밖에 없다. 하지만 가끔 어린아이가 울면서 화장실이 급하다고 뛰어오거나, 갓난아기를 안고 부탁하는 엄마의 간절한 눈빛을 바라보면 나는 커다란 딜레마에 빠진다.

분명 나의 업무는 그들을 안전하게 좌석에 앉게 하는 일이지만, 마음 같아서는 화장실로 향하는 길을 훤히 열어주고 싶을 때도 많다. 규정만을 고수하자니 인간미가 없는 것 같고, 그대로 화장실 사용을 가능하게 하자니 규정에 어긋나는 것이기에 그때마다 마음이 약해진다. 다급해 보이는 아이들이 내 눈만 바라보며 안절부절못하고 있으니까. 그럼에도 심각한 터뷸런스는 언제든 갑자기 들이닥치는 것이니 나는 승무원으로서 냉정하게 안전 업무에 충실해야 할 뿐이다.

하지만 여러 승객이 동시다발적으로 일어나 화장실로 향하는 상황이 발생하면 그들 모두를 일일이 응대할 수 없다. A 승객을 응대하고 있는 사이 다른 승객들이 그 틈을 타서 재빨리 화장실에 들어가는 경우가 발생한다. 그러면 A 승객은 다른 승객들은 전부 화장실에 갔는데 왜 자신만 가로막느냐며 언성을 높이기도 하고, 승무원 말을 무시한 채 거칠게 화장실 문을 열고 들어가기도 한다. 그럴 때는 솔직히 난감한 상황이 된다. 좌석벨트를 매달라는 고지(notice)의 의무를 따를 뿐 승객을 붙잡거나 과도하게 막아 세울 수도 없기 때문이다.

단지 승무원과 승객이라는 서로의 입장이 있을 뿐 결국은 생리적 신호에 무릎 꿇을 수밖에 없는 똑같은 사람이다. 그 고통에 관해서는 설명하지 않아도 우리 모두가 이미 정확하게 알고 있다. 그러니 만약 비행기가 터뷸런스를 통과하고 있을 때 다급한 상황이 아니라면 조금만 더 좌석에서 기다린다거나, 도저히 참을 수 없어 화장실에 가려다 승무원과 마주친다면 승무원의 흔들리는 마음도 한 번쯤 헤아려주기를 바라본다.

혹은 적절한 타이밍을 포착해 최대한 서로 마주치지 않게 화장실에 몰래 다녀오면 된다고, 나는 결코 그렇게 말할 수는 없을 것이다. 대신에 나는 이 말을 반복할 수밖에 없을 것이다. 조금만 더 좌석에서 기다리면 터뷸런스도 끝이 날 것이라고.

걱정은 어른들의 몫이니까

　태풍이 인천으로 서서히 상륙하고 있었다. 국내선 비행이 있는 날이었다. 출근길의 뉴스에서는 김포와 제주를 오가는 대부분 비행기의 지연과 결항이 속출하고 있다는 소식이 흘러나왔다. 비바람이 얼마나 거세게 불던지 거리의 가로수가 부러질 듯 이리저리 흔들리고 있었다. 이대로라면 공항에 도착하자마자 비행기가 결항되어 다시 집으로 돌아가야 할 확률이 높아 보였다.

　예상대로 공항의 운항 정보 전광판에는 실시간으로 제주행 비행기들이 지연과 결항 상태로 변경되고 있었다. 게이트 주변에는 그날따라 많은 초등학생이 앉아 있었다. 아무래도 제주로 수학여행을 가는 것처럼 보였다. 하필이면 오늘 같은 날 수학여행이라니, 분명 몇 분 이내에 결항이 될 텐데. 아이들에게는 미안하지만 이런 날에는 나 또한 집에 돌아가고 싶은 마음이 간절했다. 태풍으로 기류가 불안정해 비행기가 심하게 흔들릴 테고 계속되는 연착으로 퇴근 시간도 많이 늦어질 테니까.

하지만 예상과는 다르게 곧 탑승 수속이 시작되었다. 나는 아쉬운 표정을 숨긴 채 동료 승무원들과 먼저 비행기에 탑승해 승객들을 맞을 준비를 했다. 아니나 다를까. 게이트 주변에 앉아 있던 아이들이 우리 비행기에 차례차례 타고 있었다. 못 갈 줄 알았던 수학여행을 갈 수 있게 된 아이들의 표정이 한껏 들떠 보였다. 그날 나는 기내 방송을 맡았는데 단체 승객이 있을 때는 그들을 위한 특정한 환영 인사 방송도 따로 준비되어 있었다. 이윽고 단체명을 전달받았을 때 아이들이 모두 강원도 어느 초등학교에서 왔다는 걸 알게 되었다. 이른 아침 멀리서부터 왔다는 생각을 하니 비행기가 결항되지 않은 게 다행스럽게 여겨졌다.

그런데 이륙 전 뭔가 이상하다는 느낌이 들었다. 분명 아까 게이트 주변에는 지금보다 훨씬 많은 아이가 앉아 있었는데 우리 비행기에는 절반의 아이만 탑승한 것 같았다. 좀처럼 궁금증을 참지 못하는 나는 대답을 잘해 줄 것 같은 아이를 찾아 물어봤다. 예상대로 곧장 씩씩한 대답이 돌아왔다. 다른 반 아이들은 우리와 다른 비행기를 타고 온다고. 그 반에는 자기랑 가장 친한 아이도 있다고. 아마도 반이 여러 개여서 같은 시간대의 다른 항공사 비행기를 예약한 것 같았다.

비행기는 예정보다 많이 늦긴 했지만 무사히 이륙했다. 아이들은 비행기를 처음 타보는지 창밖으로 장난감처럼 작아진 세상을 구경하느라 여념이 없었다. 자신만 보기 미안한지 옆에 앉은 아이를 위해 몸을 비켜주기도 하고, 서로 사진을 찍어주고, 장난치며 웃고 떠드는 모습을 보고 있자니 내심 퇴근을 기대했던 나도 유년 시절의 추억이 떠올라 마음이 풀렸다. 처음 타보는 비행기에, 처음 떠나는 수학여행과, 게다가 처음 가보는 제주라니. 음료를 제공해 줄 때마다 얼마냐고 물어보는 천진난만한 아이들의 모습에 나는 틈나는 대로 음료를 듬뿍 따라줬다.

태풍의 영향으로 비행기는 생각보다 심하게 흔들렸다. 그런데도 아이들은 출렁이는 기내에서 놀이기구를 탄 것처럼 즐거워하며 연신 웃음만 터뜨렸다. 주변에 앉아 있던 다른 어른 승객들과는 극명하게 대조적인 모습이었다. 어른들은 승무원을 불러 지금 안전한 상황인지 수시로 물어보며 불안해했다. 그 정도로 기류가 불안정한 상황이었다. 비행기는 제주 상공에서 기류가 안정되길 기다리며 여러 번 고어라운드[1]한 끝에 착륙에 성공했다. 어른들은 한숨을 돌렸고 아이들은 환호성을 질렀다.

---

1) Go-around: 착륙하던 비행기가 기상 악화 등의 이유로 상승한 뒤 다시 착륙을 시도하는 것

승객들이 내리기 시작하자 아이들이 전화기를 바라보며 웅성거리기 시작했다. 언뜻 듣기로는 뒤이은 항공기가 결항되는 바람에 절반의 아이들이 여전히 김포공항에 남아 있다는 것이었다. 절반은 힘겹게 제주에 도착했는데 절반은 아직 출발도 못 하고 있다니 이런 수학여행이 또 어디에 있을까. 이미 늦은 시간이라 다음 비행기는 아마도 내일 이른 아침일 텐데. 그렇다고 절반의 아이들만 다시 강원도로 돌아갈 수는 없지 않을까. 아이들이 한 명씩 차례대로 내리는데 아까 그 씩씩한 아이가 보였다. 친구와 같이 제주에서 놀 생각에 들떠 있었는데, 어쩐지 뒷모습이 짠해 보였다.

우리는 곧장 다음 승객들을 태우고 김포공항으로 돌아왔다. 태풍 속에서도 안전하게 이착륙을 해내는 조종사들이 여러모로 대단하다는 생각을 했다. 그리고 때마침 제주에 가지 못한 절반의 아이들은 어떻게 되었을지 궁금하던 찰나였다.

그런데 공항 게이트를 빠져나오는 순간 시끌벅적한 소리가 들렸다. 무슨 일인지 고개를 돌려봤을 때 그곳에는 아이들이 불 꺼진 공항 바닥에 둘러앉아 수건돌리기를 하고 있었고, 선생님들은 옆에서 간신히 아이들을 통제하고 있었다. 한 번뿐인 수학여행을 못 가게 되었는데 이렇게 즐거울 수 있단 말인가.

비록 제주에는 갈 수 없었지만 즐거운 일은 도처에 널려있다는 것을 아이들은 본능적으로 알고 있는 듯했다. 전력을 다해 단순한 놀이를 즐기고 있는 아이들의 모습에서는 그 어떤 무료함이나 아쉬움도 느껴지지 않았다. 인생에서 가장 마음 편한 시절이 있다면 바로 그때가 아닐까. 물론 아이들에게도 나름의 심각한 고민은 있겠지만.

역시나 걱정 같은 건 어른들만 하면 되는 것이었다. 내일 아침에는 태풍이 지나간 청명한 하늘이 펼쳐지길 바랐다.

변해가는 거겠지

　회사 동료의 결혼식이 있던 날이야. 많은 사람이 모여들면 위험해지는 시절이잖아. 그래서 축의금만 전할까 하다 선배가 온다는 소식에 먼 길을 나섰어. 사회생활을 시작한 이후 유일하게 존경할 만한 사람을 만났다면, 바로 그 선배일 거야. 모두가 현실만을 살지만 선배는 현실과 이상 사이에 살았거든. 게다가 정도를 알아서 누구에게 상처 주는 법도 없었고, 그만큼 늘 주변에 사람이 가득했지.

　선배는 그날 식이 끝나자마자 배우자를 데리러 간다고 했어. 긴 여행에서 돌아오는 날이라고 했지. 가는 곳까지 태워 준다길래 오랜만에 선배와 속 깊은 이야기나 나눌 겸 차를 얻어 탔어. 선배와의 대화 속에는 늘 사람 냄새가 가득했거든. 애써 말하지 않아도 세심하게 내 마음을 알아주는 사람. 살다 보면 아무리 삭막한 사회일지라도 함께 있다는 것 자체만으로 위안이 되어주는 사람이 있잖아.

강남대로는 차들이 가득했어. 차 안에는 이상한 적막이 흘렀지. 만나면 시간이 가는 줄도 모르고 이야기를 나누던 우리였는데. 선배도 어색했는지 라디오를 틀었어. 그렇게 얼마간 라디오에서 노래만 흘러나왔지. 갑자기 선배가 크게 한숨을 쉬었어. 무슨 일이 있나 싶어 선배를 바라보는데 예전처럼 늘 밝기만 한 모습은 아니었어. 어딘가 지친 모습이었지. 고민하다 내가 물었어.

"요즘 무슨 일 있어?"
"아니야. 무슨 일 없지. 근데 요즘 이사할 곳을 찾다 보니 이런 생각만 들어서. 저런 곳에는 어떤 사람들이 살고 있는지, 뭘 해야 저기서 살아볼 수 있을까 하는."

선배의 시선이 머문 곳을 따라가 봤어. 그곳에는 강남대로 건너에 보이는 웅장한 아파트가 있었지. 주변의 어떤 빌딩보다 높게 솟은 그 외관이 마치 이국의 성처럼 보였어. 선배는 그 아파트의 시세를 말하며 씁쓸한 표정을 지었지. 그건 이미 다른 세상의 숫자였어. 세상이 몇 번 바뀐대도 넘을 수 없는 그런 숫자. 이전에는 웃고 넘겼을 만한 이야기 앞에서 이제 더는 가볍게 웃을 수 없었어.

성안에는 누가 살고 있을까. 성공한 부자들이 모여 산다고들 하던데. 그들은 어떻게 부자가 되었을까. 선배의 말을 들으니 나도 문득 진지해졌어. 언젠가 나도 저런 곳에서 살아볼 수 있을까. 막연한 희망을 품을 수는 있겠지만 그런 일들은 대부분 일어나지 않잖아. 현실에서 일어날 가능성이 거의 없는 것을 기적이라 말해. 기적이 일어나지 않는다면 삶의 모습은 크게 달라지지 않는다는 걸 알고는 있지.

하지만 그곳에 살지 못한다고 실패한 인생이 되는 건 아닌데. 어째서 우리는 정답이 아닌 오답을 고른 사람처럼 주눅이 든 표정으로 살아가는 걸까. 선배도 변해가듯이 나도 그렇지 않은 척할 뿐, 결국 이 거대한 흐름을 벗어날 수 없는 걸까.

'선배, 우리가 저런 곳에 살기란 쉽지 않을 거야. 그렇지만 우리가 뭔가를 잘못한 건 아니잖아. 우리도 그들과는 상관없이 우리의 시간을 충실하게 살아내고 있는데.'

차 안은 우리의 대화 대신 이름 모를 노래들로 가득했어. 이따금 한숨이 흘러나왔고, 오랜 시간 끝에 우리는 꽉 막힌 강남대로를 빠져나왔지. 하필 그날따라 차는 왜 그렇게 막혔는지.

어쩔 수 없는 일들. 변해가는 거겠지, 결국 우리도.

우리의 로마

로마의 거리를 혼자 걸었다. 한여름 대낮의 정오였다. 걸을 때마다 이마에 땀방울이 맺혔지만 그늘에는 시원한 바람이 불었다. 관광도시답게 거리마다 사람들이 가득했다.

나는 목적지도 없이 무작정 걸었다. 어쩐지 그러고 싶은 날이었다. 아침 일찍 숙소에서 눈을 떴을 때 커튼 새로 들어오는 햇볕이 너무 맑았던 탓일까. 외출을 즐기지 않는 나조차 어디든 걷고 싶었다.

걷다 보니 베네치아 광장이 나타났고, 조금 더 걸으니 콜로세움이었다. 고대 로마의 흔적들이 곳곳에 즐비했다. 거리마다 유적이었다. 한국을 방문한 외국인들도 서울 도심 한가운데 남아있는 궁궐 앞에서 비슷한 생각을 할까. 시기와 장소는 다르겠지만 무수한 세월을 버텨낸 건물과 흔적 앞에 서면 시간의 흐름 속의 내가 얼마나 작은 존재인지 새삼 깨닫게 된다.

그래서일까. 도시 전체가 유적인 로마에서는 나도 모르게 조심히 걷게 되었다.

반대편으로 걸으니 거대한 판테온 신전이 모습을 드러냈고, 이어진 좁은 골목을 돌아가니 트레비 분수였다. 사람들은 분수 안으로 동전을 던지며 소원을 빌었고, 돌담에 앉아 젤라토 아이스크림을 먹었다. 한낮의 평화로운 여유였다. 지도를 보며 걷지 않아도 걷는 곳마다 관광 명소였다. 영화 '로마의 휴일'로 유명해진 스페인 계단에는 많은 사람이 영화 속 '오드리 헵번'처럼 아이스크림을 들고 사진을 찍었다. 나는 잠시 계단에 앉아 분주한 광장의 풍경을 내려다봤다.

실은 오늘 걸었던 길은 십 년 전 대학생 때 친구와 함께 배낭을 메고 걸었던 길이었다. 그때 친구의 설명을 듣고 알게 된 정보들이 지금도 생생하게 남아있던 탓일까. 거리를 지날 때마다 곳곳에서 친구의 목소리가 들리는 것 같았다. 사진을 전공했던 친구 덕에 내 사진첩에는 여전히 그때의 멋스러운 사진들이 남아있었다. 서로를 찍어주느라 함께 찍은 사진은 단 한 장도 없었지만 앵글을 바라보던 우리의 표정은 더할 나위 없이 즐거워 보였다. 스페인 계단을 오르내리는 사람들을 바라보며 생각나는 대로 메모를 남겼다.

오래도록 변하지 않는 우정을 꿈꾸던 시절이 있었다. 한번 인연을 맺으면 삶의 한철 정도는 잠시 멀어진 대도 우정은 계속해서 이어질 것이라 믿었다. 하지만 지금은 우리의 마지막 만남이 언제였는지도 기억하지 못한다. 아무런 이유도 없이 우리는 멀어지게 되었다. 지금은 또 다른 친구들이 그 친구의 자리를 채워주고 있는 것을 보면, 친구란 순간마다 스치는 인연이란 말이 사실인 걸까.

그 시절 함께 로마의 거리를 걸었던 그 친구는 지금쯤 어디에서 무얼 하고 있을까. 사진 한 장이라도 함께 남겨둘 것을 그랬다. 언젠가 이곳을 다시 찾게 된다면 그때는 누구와 함께일까.

스페인 계단에 그날처럼 시원한 바람이 불었다.

유일한 탈출구

비행이 끝나고 스트레스가 극심한 날이면 사람들은 줄곧 술을 마셨다. 마음을 털어놓을 수 있는 사람들과 함께 모여 술을 마시면 마음의 때가 알코올에 씻겨나간다고 했다. 그렇게 말끔해진 마음으로 다시 일어설 힘을 얻는다고 했다. 그 느낌을 나도 알고 싶었다. 하지만 내 몸은 술을 허락하지 않았다. 술과 멀어지니 자연스레 술자리를 피하게 되었고, 그렇게 사람들과 어울릴 기회도 줄어들었다.

스트레스를 해소할 방법이 마땅치 않았다. 다행히 운동을 꾸준히 해왔지만 그것으로는 어딘가 부족한 느낌이었다. 억눌린 정신의 강렬한 해소를 원했지만 운동은 정신을 말끔히 씻겨주진 못했다. 그럴 때마다 내가 선택한 것은 글쓰기였다. 글쓰기에 대한 열망이 맹목적이기도 했고, 그것 이외의 대안을 찾을 수 없어서 더 전념하게 되었다. 술에 취하면 어떤 기분인지 나는 잘 모르겠지만 글에 취하면 정신적 고양감이 나를 씻기다 못해 폭포를 끼얹었다.

술이 스트레스를 밖으로 내쫓아 해소하는 방식이라면, 글쓰기는 스트레스를 안으로 삼켜서 함몰시키는 방식이었다.

그렇게 글쓰기는 나의 유일한 탈출구가 되었다. 일상의 균형이 흔들릴 때마다 글을 썼다. 사람에 지쳐 자아가 소멸되는 기분이 들 때도, 몸이 녹초가 되어 금방이라도 쓰러질 것 같을 때도, 눈을 질끈 감아버리는 것으로 하루를 끝내기보다는 아무 문장이라도 기록하며 스트레스를 함몰시킨 뒤 잠들었다. 그런 밤을 보낸 뒤의 아침은 마음을 통째로 세탁한 것처럼 말끔하고 개운했다.

병원에 가서 링거를 맞는 것이 아픈 몸을 위한 치료라면, 글을 쓰는 것은 고장 난 마음과 정신을 위한 치유와도 같았다.

글쓰기는 특정한 시기와 장소에 국한되지 않았다. 잠이 오지 않는 기내 벙커[1]에서도, 숙소로 이동하는 셔틀버스에서도, 산책하다 갑자기 멈춰 선 거리에서도, 복

---

1) Bunk: 선박이나 항공기의 침상이 마련된 공간, 흔히 벙커라고 불림

잡한 감정과 마음을 짧은 메모로 남겼다. 순간을 스치는 생각들은 잡아두지 않으면 다시는 내게 찾아오지 않았다. 단지 나만의 탈출구를 자주 들락거린 것뿐이었는데, 메모가 모여 산문이 되고, 산문이 모여 한 권의 책이 될 때는 나의 방식이 소모적인 것만은 아니었다는 위안으로 삼기도 했다.

늘 주변에 사람이 북적이는 삶도 있다. 가끔은 그런 삶을 시샘하며 나의 못난 취미를 경멸하기도 했지만, 과거로 돌아간대도 나는 별수 없을 것이다. 또다시 사람 곁이 아닌 홀로 있는 방을 선택하지 않을 확률은 거의 없다. 대단한 글을 써야만 글쓰기가 삶의 전부라고 고백할 수 있는 것이 아니라면, 부질없는 글을 쓰는 나에게도 글쓰기는 유일한 탈출구 같은 존재라고 말하고 싶다.

나의 탈출구가 되어준 만큼 어떤 순간이 찾아와도 함부로 대하지 않겠다고.

대이동

 몇 번의 보안 절차를 거쳐 오늘 일할 비행기가 있는 게이트로 이동한다. 보통은 그 비행기에서 함께 일할 동료들과 무리를 지어 이동하게 된다. 모두가 같은 유니폼에 같은 캐리어를 끌고 있는 모습이 마치 하나의 소수 부족이 각자의 동물을 끌고 새로운 목초지를 찾아 떠나는 것처럼 보인다. 공항 청사는 생각보다 넓어서 나는 아직도 어떤 시설이 어느 곳에 있는지 전부를 정확하게 알지는 못한다. 다만 어느 쪽 방향이라는 것만을 어렴풋이 기억할 뿐이다. 비행기가 몇 번 게이트에 배정되느냐에 따라서 이동 거리가 천차만별로 달라진다. 가장 끝에 있는 게이트에 배정되면 비행기에 탑승하기 직전부터 이미 체력 소모가 시작되는 것이다.

 하필 오늘이 바로 그 가장 끝 게이트에 배정받은 날이다. 이동할 때는 늘 공항의 익숙한 광경들을 목격하게 된다. 온갖 화려한 상품을 판매하는 명품 가게들, 그 안에서 북적대는 사람들, 탑승 시간이 촉박한지 어디론가 뛰어가는 사람들, 간이식당들, 안내문을 찾는 외국인들, 뒤바뀐 시차와 고된 비행으로 벤치에 누워있는 사람들. 어쩌면 공항은 먼 곳으로의 이동에 대한 민낯을 적나라하게 들여다볼 수 있는 관찰에 최적화된 장소이기도 하다. 그 모든 과정이 진행되는 공항은 그래서 혼잡하지 않은 날이 없고, 크고 작은 사건이 없는 날도 없다. 언제든 발생할지 모르는 변수에 항상 대비하기 위해 웬만한 시설과 체계가 준비되어 있다.

병원이나 소방서, 미용실이나 찜질방은 물론이고 온갖 식당들과 샤워실까지. 그리고 길 안내 로봇도 실시간으로 청사를 배회하고 있어서 길을 잃고 싶어도 잃을 수 없다. 이보다 안전하고 안심되는 장소가 또 있을까. 그래서인지 한여름이나 겨울이 찾아오면 갈 곳 없는 처지인 사람들이 공항을 쉼터로 삼는다는 언론 기사를 읽게 된다. 냉난방 시설을 무상으로 이용할 수 있다는 것만 해도 충분히 매력적이고, 같은 입장의 사람들과 대화를 나눌 수 있으니 공항이 그들에게는 광장이 되는 것이다.

물론 매년 이런 현상이 지속되면서 사회적으로 그들의 처지와 공공기관의 대처 방법이 논란이 되기도 한다. 누군가는 휴식을 위해 찾아오는 공항을 누군가는 버텨내기 위해 찾아온다는 건 사회의 쓸쓸한 이면이 아닐 수 없다.

생각에 잠겨 긴 이동을 하다 보면 어느덧 오늘 일할 비행기가 있는 게이트에 도착한다. 얼마나 오래 걸어온 것일까. 공항 내에서 이동하는 거리만 생각해도 구두 굽과 캐리어 바퀴에도 연민이 느껴진다. 게이트 주변 벤치는 탑승을 대기하고 있는 승객들로 가득하다. 휠체어를 탄 사람들과 유모차에 잠들어 있는 아기들, 노트북이나 책에 열중해 있는 사람들. 그들이 비행기로 들어서는 우리의 모습 가만히 바라본다. 눈이 마주치는 짧은 찰나이지만 우리는 서로를 재빠르게 훑으며 파악한다. 서로를 관찰하는 것인지 감시하는 것인지 알 수 없는 눈빛으로, 마지막 한 명이 사라질 때까지 멈추지 않고 수많은 시선이 교차된다.

누군가의 눈빛을 감시로 의심하다니, 나 또한 사회생활을 하면서 사람으로부터 녹슬 대로 녹슬어 버린 걸까. 일할수록 사람에 대한 편견이 무뎌지기는커녕 더욱 견고해진다면, 그건 나라는 사람의 특성과 이 직업의 혼합된 부작용일 것이다. 그렇다면 나는 처음부터 다시 사람에 대해 배워야 하는 게 아닐까. 특정한 감정과 인식도 포함되지 않은 순한 시선으로 누군가를 바라보는 방법, 나는 그 방법을 다시 익힐 수 있을까.

혹시나 답을 찾을 수 있다면 사람들 틈이길 바란다. 그럴 수 있다면 그곳이 비행기라면 좋겠다. 이곳을 떠나지 않고도 답을 찾게 되길 바라며, 오늘도 커다란 철문을 넘어 기내로 들어선다.

세상에서 가장 먼 길

그는 휠체어 승객이었다. 그가 한참을 망설이다 말을 꺼냈다.

"승무원님 죄송하지만 제가 혹시 화장실에 갈 수 있을까요?"

휠체어에 그를 태우고 좁은 복도를 통과한다. 다른 승객과 좌석에 부딪히지 않기 위해 그는 잔뜩 움츠려야 했다.

잠든 승객의 어깨와 부딪힐 때면 그는 먼저 미안하다며 고개를 숙였다. 몇 번을 더 부딪치고 사과가 끊이질 않고 사람들의 시선이 온통 자신에게 몰릴수록 그는 더욱 작아져 있었다.

화장실이 이렇게나 멀었던가. 내가 휠체어를 잘못 끌고 있는 것인지 기내 복도가 원래 이렇게 좁았던 것인지 길이 뒤틀린 것도 아닌데.

화장실 줄은 유난히 길었고 기다리던 사람들은 양보를 건넸지만 그는 완강히 양보를 거절했다.

"괜찮습니다. 저도 기다리고 싶어요."

알 것 같은 마음이 들었다. 그와 잠시 함께 걸었을 뿐이지만 그사이 낯선 감정이 들어와 몸이 떨렸다
그를 다시 좌석으로 데려다주고 우리가 지나온 복도를 되돌아봤다.

화장실에 다녀온 짧은 길이었다.

내가 날마다 거닐던 그 길이 그에게는 망설임과 결심이 필요한 세상에서 가장 멀고 험난한 길이었다.

세상은 하나라고 배웠지만
살아보니 세상은 사람만큼 많았다.

2부

뒤에서 닫히는 문

조화가 되지 않기 위해서

 꽃을 피우기 위해 이곳을 찾아왔지만, 어쩐지 점점 조화가 되어간다는 생각을 한다. 아름다운 유니폼, 여유로운 생활, 해외의 유명한 명소들, 그곳에서 찍은 멋스러운 사진들과, 부러움의 시선 등등. 청춘의 시절에 온갖 화려하고 근사한 것들의 유혹으로부터 자유로울 수 있는 사람이 얼마나 될까. 하지만 그것이 전부라고 믿으며 얼떨결에 승무원이 된 나는 맨발로 해변을 거닐다 깨진 유리 조각을 밟은 아이처럼 혼자만 절룩거리다 무리에서 뒤처진 느낌이 든다. 고운 모래밭 속에 유리 조각이 숨겨져 있을 줄 누가 상상이나 했을까.

 조심하며 걸어도 피할 수 없는 일도 있다. 직업에 대한 환상과 이면이 맞물리며 벗겨지는 일. 그것은 승무원뿐만 아닌 모든 직장인에게 서서히 찾아오는 관문 같은 것이 아닐까. 살아가면서 성장통이 찾아오는 시기가 정해져 있는 것인지 스무 살 서류상으로 어른이 되던 때

첫 번째 성장통이 찾아왔었다면, 이제는 사회생활을 시작하고 드디어 진정한 어른이 되었다고 방심할 때 비슷하지만 다른 얼굴을 한 두 번째 성장통이 찾아온다. 예전에는 나를 채우기 위한 통증이었다면, 지금은 나를 비우기 위한 통증이라는 점이 커다란 차이랄까.

사람들과 조직 생활을 한다는 건 혼자 글을 쓰는 일과는 엄연히 달랐다. '나는 원래 이런 사람이니 조금만 맞춰주세요'라는 태도 대신, '나는 원래 이런 사람이지만, 그럼에도 맞춰볼게요'라는 태도를 익힐 수밖에 없었다. 물론 개인의 개성과 역사를 모두 존중해 주는 곳이 있다면 더할 나위 없이 좋겠지만, 그곳은 아마도 현실에는 존재하지 않는 유토피아가 아닐까. 글쓰기가 수풀이 무성한 야생의 초원을 뛰어노는 일이라면, 조직 생활은 설계도를 따라 조성된 인공 정원에서의 산책에 비유할 수 있을까.

나는 변화된 환경에 적응이 느렸다. 살아온 환경, 생각, 성격, 취향 모든 부분이 각기 다른 사람들이 모여 최대한의 시너지를 발휘하는 과정은 모두가 조금씩은 자신을 비워야만 하는 일이었다. 사회생활은 업무적인 협업이기도 하지만 사람 간의 존중과 배려이기도 하니까. 그것이 원활하게만 이뤄진다면 직장인들의 행복지수는 기하급수적으로 상승할 것일 테지만, 현실은 알다시피 그렇지 않다. 그 누구와도 함께 동료가 되어 얼굴을 맞대고 일해야 한다. 그리고 그 누구도 걸음이 느린 아이를 언제까지나 기다려주진 않는다. 느린 만큼 스스로 조금 더 빨리 걷기 위해 노력해야 한다. 너무 지체되면 모두의 시야에서 내가 사라진다.

행운이 따라줬다고 믿는다. 겉돌긴 해도 정해진 반경을 벗어나진 않은 행운. '최소의 사회성'을 갖추게 될 때까지는 많은 사람의 조언과 충고, 그리고 체념과 용기가 필요했다. 적응에는 고통이 수반될지라도 그 결과까지 부정적인 방향으로만 흐르는 건 아니었다. 그렇다고 적응이 힘들다는 이유로 자신을 형편없는 사람으로 여길 필요도 없지 않을까. 누구도 처음부터 특정한 일에 맞춤형으로 태어나진 않는다. 글도 사람도 개성이 강할수록 다듬는 데 오랜 시간이 걸린다. 개성은 결코 더는 물러설 수 없는 오래된 절벽 같은 것이다. 급하게 몰아세우면 나락을, 천천히 다가서면 절경을 마주할 수 있다.

사람들은 꽃이 되기 위해 이곳을 찾아왔지만, 시간이 흐를수록 자신만의 고유한 향기를 잃어가는 건 아닐까. 자신은 원래부터 만개한 꽃이었다는 사실을 잊은 채로, 화려한 미소와 좋은 향기만 유지하면 꽃이 될 수 있을 것이라 믿으면서, 오늘도 서서히 조화가 되어가고 있는 건 아닐까. 본래의 모습을 전부 잃어간다는 생각이 들 때마다 잠시 멈춰서 창가에 비친 내 모습을 들여다본다. 늘 이렇게 무리에서 뒤처진 모습일 때가 많겠지만, 그 모습을 외면하진 않을 것이다.

 옅어지는 고유한 향기를 지켜내기 위해서, 시들 수조차 없는 조화가 되지 않기 위해서, 어설플지라도 삶의 지평에서 나 자신으로 살아남기 위해서.

쓰레기가 차오른다

 갤리는 단단한 철재로 만든 사물들로 가득하다. 벽면에는 한정된 공간을 최대한 효율적으로 활용하기 위해 철제 박스가 블록처럼 겹겹이 쌓여 있다. 그 박스들과 바퀴 달린 서비스 카트 안에 그날 제공할 식량들이 빼곡하게 채워져 있다. 만석 기준으로 대략 삼백 명에게 제공할 두 번의 식사와 간식과 각종 음료가 그곳에 보관되어 있는 것이다. 비행시간이 흐를수록 자연스레 빈 박스들이 늘어난다. 그리고 빈 박스만큼의 쓰레기도 늘어난다.

 쓰레기통은 보통 갤리의 구석에 있다. 입구는 좁지만 안을 들여다보면 널찍한 공간이 있다. 물론 그 안이 쓰레기로 채워지는 데는 그리 오랜 시간이 걸리지 않는다. 더군다나 열두 시간이 넘는 장거리 비행에서는 최소 두세 번 정도는 '트래쉬 컴펙터'[1]라고 불리는 기계나 혹은 '승무원'이라 불리는 사람이 직접 산처럼 쌓인 쓰레

---

1)　Trash Compactor: (부엌의) 쓰레기 압축기

기 더미를 눌러줘야 한다. 그렇지 않으면 갤리뿐만 아니라 기내까지 쓰레기가 파도처럼 밀려 나갈 것이 분명하기 때문이다.

쓰레기통 안의 대부분의 물건은 강하게 짓누르면 형체를 잃고 납작해지기 마련이다. 하지만 아무리 애를 써봐도 눌리지 않고 남아있는 것이 있다. 그건 바로 사람이 버린 말이다. 언젠가 한 선배가 말했다.

"단순히 사람의 마음을 할퀴려고 날아드는 말들은 삼켜내지 말고 비닐봉지에 담아와서 갤리 쓰레기통에 몰래 버리면 되는 거야. 그러면 아무 일도 없었던 날이야."

업무와는 상관없는 날 선 말들이 상대방을 향해 무자비하게 날아가는 모습을 종종 목격하게 된다. 누군가는 정면으로 칼날에 맞아 그 즉시 삶이 무너져 내리기도 하고, 누군가는 통증을 느끼지 못하는 사람처럼 꾹꾹 삼켜내다 마음에 지울 수 없는 멍이 든다. 내게 날아드는 날카로운 말들을 야구를 하듯 방망이로 곧장 쳐낼 수도 있겠지만, 그런 배짱과 무모함을 갖춘 직장인이 얼마나 될까.

늘 사람에 노출된 환경일수록 사람을 버텨야 하는 날들이 많다. 그런 날에는 말없이 쓰레기 더미를 짓누른다. 잘 눌리지 않아 쓰레기통 안을 들여다보면 내가 버린 쓰레기 이외에도 누군가 몰래 버리고 간 사람의 말들이 잔뜩 쌓여있다. 다들 웃는 모습으로 일하고 있지만 내심 말할 수 없는 힘든 구석이 많았다는 걸 그제야 알아간다. 모두 각자의 방식으로 자신의 상처를 이겨내고 있었다.

하지만 이겨내는 힘이 강해지는 것보다는 서로를 향한 날 선 말들이 무뎌지는 편이 훨씬 올곧은 방향이 아닐까. 그런 균형은 얼마든지 망가져도 상관이 없으니까. 세상에는 불균형일 때 아름다운 것들도 많다. 사려 깊은 말은 상처받은 마음에도 꽃을 피운다. 그런 날이 온다면 쓰레기통도 체감상 한결 더 가볍게 느껴지지 않을까.

단단한 것들로 이뤄진 기내라지만 말랑한 일들로 가득해질 수 있다면.

외로움이 찾아올 때

승무원은 날마다 해외로 떠나는 꿈과 희망이 가득한 직업이기도 하지만, 그만큼 일정 기간 이상 어느 한 곳에 정착하지 못하는 외로운 직업이기도 하다. 물론 내가 사는 집은 한국에 있지만 평균적으로 한 달에 많으면 이십일 가까이 전 세계 곳곳의 숙소에서 머물게 된다. 그리하여 어느 곳에든 조금 정들만 하면 다시 짐을 꾸려 떠나는 방랑자의 삶을 살게 된다. 머물지 못하는 삶이라니, 매력적이기도 하면서 동시에 안쓰럽기도 하다.

사람과의 만남이 각별하지 않은 나로서는 외로움에 어느 정도 익숙해졌다고 믿었는데, 시차는 숨겨진 감정을 기어이 끌어내는 생각지도 못한 변수였다. 한국과 열 시간 정도 시차가 벌어지면 사람들과 연락을 이어가는 데 커다란 간극이 발생한다. 이를테면 같은 순간에 깨어 있지만 한국의 사람들이 모닝커피를 마시며 아침을 시작할 때, 내가 머물던 해외에서는 이제 막 잠옷으로 갈

아입고 고단한 하루를 정리하는 것처럼. 그렇게 되면 연락을 기다리던 사람과 가까스로 연락이 닿았음에도 잠시 후면 다시 그 사람의 일상을 위해 보내줘야만 하는 애틋한 상황이 뒤따른다.

한국의 친구들이 모두 잠든 적막한 새벽, 나는 이국의 외만 숙소에서 잠들지 못한 채 시차를 겪는다. 적적한 마음에 누구에게라도 연락을 해보고 싶은 생각이 들 때도 있지만, 어차피 이 시간에 연락 가능한 사람은 없다는 것을 깨닫고 체념한다. 비록 사람과의 만남이 각별하지 않다고 썼지만, 그래도 마음만 먹으면 언제든 말을 걸어 서로가 연결될 수 있는 상태일 때 비로소 안도감을 느낀다. 혼자일 때 생각도 많아지고 자기가 발전할 수 있는 기회라고, 외로움 같은 건 나약한 사람들이나 겪는 감정이라고 자부하며 살았는데, 어느새 이국의 낯선 환경 속의 나는 전화기에서 눈을 떼지 못한다.

해외에서 청승을 떠는 걸지도 모르겠지만 시차는 생각보다 사람의 체력을 쉽게 고갈시킨다. 한국 시간을 기준으로 깨어나야 할 시간에 자야 하고, 자야 할 시간에 깨어나야 하는 일이 반복된다. 그렇게 자신의 신체리듬과는 별개의 삶이 지속되는데 그럴 때마다 몽롱한 기분으로 하루를 보내게 된다. 일부러 낮에 잠들지 않고자

유명한 관광지나 식당을 둘러보기도 하지만 어쩐지 모든 감각은 수면이라는 본능적인 욕구 앞에 무릎 꿇는 느낌이다. 처음에는 시차가 바뀐다 한들 충분히 수면을 취하면 현지의 시간에 거뜬히 적응할 줄 알았다. 그런데 아무리 숙면을 취해도 자연의 기운을 거스를 수는 없었다. 사람도 태양과 함께 깨어나고, 달과 함께 잠드는 우주 변화의 원리를 따를 뿐이었다.

신입 시절에는 내가 해외에 있다는 것만으로 한껏 들뜬 마음에 잠 따위는 포기한 채 카페인 음료를 마셔가며 방방곡곡을 돌아다녔다. 그래서 그때 찍은 사진들을 보면 내 얼굴에는 언제나 다크서클이 땅거미처럼 내려앉아 있다. 하지만 연차가 쌓이고 조금씩 체력이 떨어지기 시작하니 이제는 점점 몸을 사리게 된다. 관광보다는 휴식이 좋고, 맛집보다는 숙소에서 즐기는 혼자만의 편안한 식사가 좋다. 누군가 함께 외출하자는 고마운 제안에도 선뜻 고개를 끄덕이지 못하고, 오히려 어떻게 거절을 해야 하는지 불편한 마음부터 앞선다. 그렇게 서서히 혼자 보내는 시간이 많아진 탓인지 그때부터 외로움이라는 감정의 실체를 들여다보려 애쓰기 시작한 것 같다.

외로움. 언제든 길들일 수 있다고 믿었던 날뛰는 그 감정. 그것은 한눈을 팔면 목줄을 풀고 달아나는 까탈스러운 애완견처럼 내가 방심하고 있을 때마다 불쑥 튀어나와 마음을 흔들어 놓는다. 그것을 오래전에 내게 맞는 방식으로 조련했다고 믿었지만, 알고 보니 외로움은 단 하나의 감정이 아니었다. 사람이 비슷할 순 있지만 완전히 똑같을 수 없는 것처럼, 외로움이라는 감정도 사람과 환경이 달라지면 내가 알던 그 모습이 아닌 낯선 형체가 되어 나타났다. 가끔은 눈물을 흘리기도 하고, 분노하기도 하며, 무기력해지기도 하면서, 그렇게 또다시 정체 모를 감정을 길들이길 반복한다. 그게 외로움인 줄도 모르고.

    방랑하는 이 직업과 외로움이 공존의 관계라면, 앞으로 그 감정이 찾아올 때마다 나와는 결코 떼어둘 수 없는 일부라는 것을 직면하고 인정하는 일에서부터 다시 시작해봐야 하지 않을까. 불청객이나 질병이 아닌 과거의 내가 돌보지 못했던 한 줌의 마음이 내게 다시 돌아온 것처럼.

다시 시작할 수 있을까

시인 할머니[1]를 마주한 뒤 한동안 그녀가 시를 쓰던 모습이 머릿속을 떠나지 않았다. 기내에서 일할 때도, 해외의 숙소에 머무를 때도, 한국에서 혼자만의 시간을 보낼 때도 그녀가 쥔 연필이 사각거리며 머릿속에 문장을 써 내려갔다. 완성된 문장은 이런 모습이었다.

나도 다시 무언가를 쓸 수 있을까.

글 같은 건 다시는 쳐다도 보지 않겠다며 취직을 했는데, 또다시 찾아온 이런 고민이 과연 내 삶에 좋은 영향을 끼치게 될지 알 수 없었다.

하지만 고민을 시작하는 순간부터 나는 이미 뭔가를 기록하기 시작했다. 대수롭지 않은 일상에 대해서, 사람의 숲에서 발견한 마음과 감정에 대해서, 그리고 기억과 후회에 대해서. 지나간 이십 대 때 날마다 써왔던

---

1) 1부의 글, <조명> 참고

것처럼 다시 그렇게 쓰기 시작했다.

    생각보다 여유로운 시간이 많았다. 기내에서 일한다는 건 야근도 없고 회식도 없다는 말과도 같다. 물론 종종 동료들끼리 식사를 같이하긴 하지만 그것은 일반 사무실 직원들의 회식에는 견줄 수 없다. 해외의 숙소에서는 자유로운 시간이 보장되고, 잔업이 없으니 한국의 집에서는 모든 시간이 나의 계획에 달려 있었다. 고요하고 평화로운 시간 속에서 글을 쓸 여유가 보장된다는 건 뜻밖의 선물 같은 일이었다.

    그동안 써놓은 글도 생각보다 많았다. 작가 지망생 시절에는 글쓰기가 하루의 전부였다. 날마다 적어도 원고 다섯 장 이상은 무엇을 쓰던 꾸준히 써왔던 까닭이었다. 그 글들이 오래전 닫아둔 블로그와 오래된 노트북 폴더 안에 고스란히 남아 있었다. 조금씩 꺼내 볼수록 문장들이 '이게 너의 이십 대 시절이었잖아.' 하고 말을 건네오는 것 같았다. 무엇이 그때의 나를 그토록 악착같이 만들었는지는 모르겠지만, 참 많이도 써뒀다는 걸 새삼 깨닫게 되었다.

    영화 시나리오 작가 지망생이었던 나의 최종 목표는 직접 쓴 시나리오가 영화로 만들어지는 소위 말하는 '입봉'을 하는 것이었다. 그래서 내가 쓴 글이 책이라는 물성을 갖고 출간이 된다는 것은 상상조차 하지 못했던 일이었다. 단지 누구나 한 번쯤 그런 생각을 하는 것처럼 살면서 언젠가는 책 한 권 정도 내 볼 수 있지 않을까 하는 막연한 마음뿐이었다. 그런데 원고의 분량만을 고려해 봤을 때는 먼 미래가 아닌 지금 당장도 책 한 권 정도로 엮을 수 있겠다는 생각이 들었다.

하지만 글이 담긴 원고만 있을 뿐 출간의 방법에 대해서는 아무것도 알지 못했다. 차근차근 알아가면 되었을 테지만, 성격이 급한 나는 서두르고 싶었다. 무작정 웹상에서 연결만 되어있던 작가에게 연락했다. 그 사람은 너무도 자세하게 출간의 과정과 입고할 만한 동네 책방들까지 안내해 줬다. 세상 모든 사람이 적어도 나보다는 친절한 것 같았다. 덕분에 종이 뭉치 같았던 원고가 '진부한 에세이'라는 제목을 달고 간신히 책의 형태를 띤 채 출간되었다. 편집도 디자인도 없었던 말 그대로 종이 뭉치 수준의 책이었다.

그 책이 내 삶에 다시 글쓰기를 데려와 줬다. 다시는 글을 쓰지 못할 것 같았는데 그 책을 시작으로 해마다 한 권씩 책을 출간하게 되었다. 인기와 판매량과는 상관없는 일이었다. 다만 습관처럼 꾸준히 쓰고 그것을 엮는 반복을 멈추지 않았던 것뿐이었다. 취미라고 하기에는 무겁고, 업이라고 하기에는 머나먼 그 정도의 일. 문득 지망생 시절 선생님이 했던 말이 떠올랐다.

"작가는 그만둘 수 없는 종류의 일이야. 한번 글을 쓰는 습관이 몸에 배면 체질 자체가 변해버리거든. 그래서 내가 싫어도 몸이 먼저 반응하게 되는 거야."

어쩌면 삶을 온통 내어줬던 그 시절의 글쓰기가 나도 모르는 습관이 되었는지도 모르겠다. 애초부터 예민한 성격의 사람이 집요한 기억과 세심한 감성을 요구하는 글쓰기를 시작했으니, 점점 과민한 체질로 변해가는 것은 당연한 순리가 아니었을까. 그만둘 각오로 방치해뒀던 글쓰기 습관이 오랜 잠에서 깨어 잃어버린 시간을 보상받으려는 듯 나를 물고 놓아주질 않았다.

하지만 다시 찾아온 글쓰기가 내 삶에 선물이 되었냐고 묻는다면, 나는 여전히 그 질문에 답을 할 수 없다. 안정을 찾아가던 삶의 중심이 글쓰기로 인해 다시 송두리째 흔들리기 시작했으니까.

곁에 있을게요

워싱턴으로 향하는 비행이었다. 그날은 유난히도 난기류가 심했다. 탑승 전 기장으로부터 경로의 기상 상황에 대해 미리 들었지만, 비행기는 예상보다 훨씬 심하게 흔들렸고 오랜 시간 동안 잠잠해지지 않았다. 승무원들 또한 기내의 모든 작업을 멈춘 채 기장의 신호가 있을 때까지 점프싯에 앉아서 대기하고 있었다. 사실 어느 노선으로 비행을 떠나도 난기류와 한 번도 맞닥뜨리지 않았던 비행은 없었다. 심하게 흔들리지 않는 이상 승무원들에게 난기류란 언제나 동반되는 지극히 일상적인 일이었고, 잠시 점프싯에 앉아서 휴식을 갖게 되는 정도로 가볍게 여기는 경우도 많았다.

하지만 그날의 난기류는 평소와는 다른 강도로 다가왔다. 함께 일하는 동료들도 뭔가 심상치 않다는 것을 느꼈는지 걱정스러운 눈빛으로 서로를 바라봤다. 물론 좌석벨트를 메고 있었지만 기내가 요동치는 바람에 몸이 좌석에서 중심을 잃은 채 흔들렸고, 그만큼 갤리에 보관된 수많은 철제 박스와 서비스 용품들도 둔탁한 소리를 내며 부딪쳤다. 그런데 그렇게 불안한 상황 속에서도 평온한 얼굴로 좌석에서 일어나 화장실로 향하는 승객도 있었다. 그 과정에서 몸이 흔들리며 다른 승객의 머리를 치기도 했고 급기야 옆으로 쓰러지기도 했다. 얼마나 화장실이 급했으면 그렇게 무모한 도전을 감행할까 싶었지만, 무엇보다 승객의 안전이 최우선이기에 나도 비틀거리며 일어나 그 승객을 좌석으로 돌려보내야만 했다.

기내의 모두가 각자의 좌석을 지키고 있는 가운데 갑자기 띵-하며 호출 버튼이 울렸다. 그날처럼 비행기가 심하게 흔들릴 때는 위급한 상황에서만 승객의 호출에 응대한다는 규정이 있었다. 아무 일도 없이 버튼을 누르진 않았을 텐데, 그렇다고 즉시 승객을 찾아갈 상황도 아니었다. 그런데 띵-띵-띵- 호출 소리가 적막한 기내에 계속해서 울려 퍼지는 게 아닌가. 동료들과 눈빛을 교환하다 아무래도 무슨 일이 발생한 것 같아 조심스레 균형을 잡으며 호출이 울린 좌석으로 다가갔다. 그곳에는 삼십 대 후반 정도 되어 보이는 남자 승객이 한껏 고개를 숙인 채 승무원을 기다리고 있었다.

"손님 괜찮으세요?"

나의 물음에 흠칫 놀란 듯 고개를 든 그의 얼굴이 이상하리만큼 하얗게 질려있었다. 순간적으로 그의 상태가 심상치 않다는 것을 직감하고 나는 자세를 낮춰 좌석 팔걸이에 몸을 의지한 채 다시 물었다. 하지만 그는 계속 불안한 표정으로 나를 바라보기만 할 뿐 좀처럼 아무런 말도 꺼내지 않았다. 그러다 마음을 가다듬었는지 내게 건넨 한마디가 나를 더 당황하게 만들었다.

"혹시 우리 추락하는 건가요?"

비행을 하다 보면 난기류가 심할 때 종종 승객들이 승무원에게 다가와 심각한 표정으로 지금 괜찮은 상황인지 물어보기도 했지만, 그의 경우에는 조금은 달랐다. 그의 표정과 몸의 반응은 이미 추락하고 있는 비행기에서 남기는 마지막 유언처럼 긴박하고 공포에 질려있었다. 나는 최대한 그의 불안을 풀어주기 위해 차분하게 말을 꺼냈다. 지금 기내가 평소보다 조금 더 많이 흔들리긴 하지만 이미 예보가 되어있던 난기류이고, 이 정도는 저희도 종종 겪는 수준이니 크게 걱정하지 않아도 된다고 설명을 했다.

하지만 그를 진정시키기에 나의 말은 턱없이 부족했던 걸까. 갑자기 그가 나의 팔을 붙잡고는 말했다.

"제가 사실 몇 년 전 A 항공기 사고 때 거기에 있었거든요. 그래서 자꾸 그때의 일이 떠올라 지금도 너무 불안합니다."

그가 말한 A 항공기 사고는 2013년에 미국 샌프란시스코 공항에 착륙하던 항공기의 랜딩 기어[1]가 활주로와 가까웠던 방파제에 충돌하며 발생한 사고였다. 그 사고로 승객 180명 이상이 부상을 입었고, 3명의 승객이 목숨을 잃었다. 그 당시 뉴스에서 승무원들이 부상을 입은 승객들을 업고 탈출하는 모습과, 탈출에 성공한 승객이 연기로 시야가 가려진 탓에 달려오는 소방차에 치여 목숨을 잃은 안타까운 소식, 그리고 당시의 상황을 인터뷰하는 승객들의 넋을 잃은 모습들이 보도되곤 했다.

그 사고에서 살아남은 생존자였던 그는 여전히 트라우마를 겪고 있었던 것이다. 그의 사정을 듣고 나는 내가 겪어보지 못한 고통에 대해 함부로 말할 수 없었다. 기류가 곧 안정될 것이라는 형식적인 말로는 그를 안정시킬 수 없었다. 추락하지 않을 것이라는 말은 이미 사고를 겪어본 사람 앞에서 아무런 힘이 없었다.

내 팔을 꽉 잡고 있던 그의 손이 어느새 땀에 젖어 있었다. 내가 건넬 수 있는 그 어떤 말도 오히려 그의 불

---

[1] Landing Gear: 항공기의 이착륙 장치

안을 가중할 뿐이라는 생각에 나 또한 가만히 그의 곁에 있을 뿐이었다. 기내의 상황은 조금도 나아지지 않은 채 요동치고 있었고, 복도에 쪼그려 앉은 내 몸도 이리저리 흔들리고 있었다. 하지만 그의 손을 뿌리치고 곧장 점프 싯으로 돌아갈 수는 없었다. 뒤쪽에서는 이 상황을 모르는 동료들이 나를 바라보며 우선 돌아오라는 듯 초조한 표정으로 손짓하고 있었다. 선택의 순간이었다.

"손님, 기류가 조금 나아질 때까지 제가 옆에 있을게요. 우선 너무 걱정하지 마시고 천천히 심호흡 한 번 해보세요."

그는 내 말을 따라 조금씩 심호흡을 하기 시작했다. 얼마나 시간이 흘렀을까. 비행기는 그 이후로도 오랫동안 흔들렸지만 다행히도 서서히 난기류에서 빠져나가고 있었다. 창백했던 그의 얼굴도 조금씩 안정을 찾아가는 것 같아 나는 마실 것을 가져다주겠다며 갤리로 돌아갔다. 되돌아가는 그 짤막한 시간 동안 어쩐지 내 정신이 기내라는 공간을 떠나 하늘 위 어딘가를 부유하는 듯했다.

얼마 후 비행기는 무사히 워싱턴에 착륙했고, 하기하는 승객들 사이로 좌석에 가만히 서 있는 그의 모습이 언뜻 보였다. 나는 그가 여전히 아까의 불안에서 벗어나지 못한 건 아닐까 유심히 지켜보게 되었다. 그런데 그가 다른 승객들이 모두 내리자 내가 있는 뒤쪽으로 다가왔다. 멀리서 봐도 아까보다 훨씬 혈색이 나아졌고 눈빛에도 생기가 돌아온 것이 느껴졌다. 그가 내 앞에서 조금 머뭇거리는 듯하다가 이내 말을 꺼냈다.

"승무원님, 아까 정말로 감사했습니다. 덕분에 조금 나아질 수 있었어요."

그는 그 말을 남기고 비행기를 빠져나갔다. 다행이라는 생각만 들었다. 그에게 이번 비행은 쉽지 않은 도전이었을 것이다. 사고를 겪은 후 비행기를 떠올릴 때마다 괴로웠을 텐데, 그는 적어도 트라우마와의 싸움에서 한 번은 먼저 이긴 듯했다. 물론 그것에서 완전히 벗어나려면 긴 시간이 걸리겠지만, 어쩌면 그의 다음 비행은 오늘보다 조금 더 편안할 수 있지 않을까.

모두가 떠난 텅 빈 기내를 살피다 평소와 다를 것 없이 짐을 꾸렸다. 늘 똑같은 무게의 짐이었지만 어쩐지 평소보다 가볍게 느껴졌다.

오래된 시계

중년의 남성에게 식사를 건네고 있을 때였다. 그가 내 손목에 채워진 전자시계를 유심히 살펴보더니 이윽고 입을 열었다.

"멋진 시계네요".
"아, 아니에요. 그냥 저렴한 시계입니다."
"그러니까요. 요즘 젊은 분들 다들 고급 시계 차고 계시는데."
"네? 아… 저는 이걸로 충분해서요."
"제 말이요. 그게 진짜 멋진 거예요."

그의 말을 듣고 한참을 생각했다. 내가 이 시계를 아직도 차고 있었구나. 그는 정말 진심으로 멋지다는 말을 한 걸까. 알 수 없는 말이었다.

내게는 오래된 전자시계가 하나 있다. 이십 대 중반에 가장 존경하던 인물 중 하나였던 언론인 손석희가 자주 차던 시계로도 알려진 전자시계이다. 보통 남자들이 입대하기 전에 입영소 앞에서 쉽게 구할 수 있는 시계이기도 해서 군인 시계로 더 유명하긴 했지만, 나는 이상하리만큼 그 시계에 애착이 갔다. 가볍고 편할뿐더러 가격도 상당히 저렴했다. 아마도 인터넷을 통하면 지금도 이만 원대에 구매할 수 있을 것이다.

게다가 기내에서 일하다 보면 온갖 둔탁한 물체에 시계를 부딪치기에 십상이니 망가져도 크게 가슴 아픈 일이 발생할 것 같지 않았다. 혹시나 망가지면 같은 모델로 다시 구매할 생각이었는데, 하필이면 그 시계가 너무도 견고한 나머지 벌써 팔 년째 나와 함께 하고 있다.

물론 시계가 하나밖에 없는 것은 아니었다. 선물로 받은 시계도 있고, 어쩐지 하나 있어야 할 듯해서 구매했던 시계도 있다. 하지만 집을 나서기 전에 손목에 채우는 건 언제나 같은 시계였다. 애초부터 비싸고 좋은 물건들에 관심이 없는 것도 아니었다. 오히려 대학생 때는 고가품에 대한 집착이 심해 아르바이트 월급을 딸랑 고가품 두 개와 맞교환하고 세상을 다 가진 것 같은 만족감을 느끼기도 했으니까. 그때는 시계 또한 당연히 고가품을 착용했다. 지금의 전자시계보다 숫자 0이 두 개는 더 많은 가격이었다. 손목에 비싼 시계를 채우고, 허리에 비싼 벨트를 감으면 나 자신의 값어치 또한 상승하는 것 같았다. 그러면서 저가 브랜드의 옷이나 물건을 사는 사람들을 얕잡아봤다. 결국 나약하고 초라한 내면을 숨기고자 허영심만 가득했던 마음을 사치품으로 치장하고 싶었던 것이면서.

그렇게 몇 달을 살았다. 택시 탈 돈도 아까워하면서 온갖 값비싼 물건들과 함께 살아가는 나 자신의 모습이 한심하기 그지없었다. 좁은 원룸을 전전하면서 몇 달 치 월세에 버금가는 시계를 차고 있는 내 모습을 더는 참아낼 수 없었다. 물건으로 내 이미지를 고급스럽게 만들 수는 있었지만 (남들은 그렇게 잘 속아줬지만) 분명한 사실은 내가 그런 사람이 아니었다는 것이다. 나는 부잣집 자녀가 아니었을뿐더러, 안정적인 직장도 없었고, 한 달이라도 월세가 밀리면 안 되는 불안한 상황이었다.

그날부터 갖고 있던 모든 고가품을 팔기 시작했다. 내 수준에 맞지 않는 허영을 전부 팔고 그 돈으로 저렴하지만 제 기능을 하기에 부족하지 않은 물건들을 샀다. 그제야 내 모습을 되찾은 것 같았다.

일찍이 분수에 맞지 않는 물건이 가져다주는 만족의 부질없는 속성을 체험해 본 까닭일까. 이제는 값비싼 제품이 아닐지라도 편하고 깔끔하며 함께한 세월이 오래될수록 내게는 그런 물건들이 명품처럼 느껴진다. 물론 언젠가 나의 소득수준이 놀랄 정도로 상승하게 된다면 그때는 물건을 바라보는 태도가 또다시 달라질 수도 있겠지만, 지금으로서는 현상 유지만을 하는 것도 녹록지 않다고 느낀다. 그렇다고 내가 물건에 대한 미련을 버리게 된 것은 절대 아니다. 물욕이 사라졌다기보다는 현실 감각이 조금 생긴 것뿐이라는 말이 정확한 표현이 아닐까.

"그게 진짜 멋진 거예요."

그의 말을 듣고 가만히 시계를 바라봤다. 오랜 세월만큼 표면에 흠집도 많아졌지만 아직은 좀처럼 새것으로 바꿀 마음이 들진 않았다. 쌓이고 깃든 게 흠집만은 아니기 때문일까. 그가 남긴 말에는 전혀 다른 의미가 담겨있을지도 모르지만, 나는 그 말을 내 마음대로 이렇게 오해하기로 했다.

"가끔은 온갖 근사하고 반짝이는 것들에 흔들릴 때도 있겠지만, 그래도 다시 제자리로 돌아올 수 있다는 건 잘 살아가고 있다는 거예요. 지금으로도 괜찮고, 지금으로도 충분하니, 앞으로도 그렇게 살아요."

그 말은 멋지지 않은 나를 진짜로 멋지게 살고 싶게 한다.

코리안 드림

 네팔에서 한국으로 돌아오던 날. 기내 한편이 빨갛게 물들어 있었다.

 그들은 모두 빨간 모자를 쓰고 있었다. 맞지도 않는 옷을 대충 걸쳐둔 모습으로, 삐딱한 글씨가 쓰인 네임카드를 매달고.

 신기한 점이 있었다.

 그들은 내가 일하는 모습에 집중하고 있었다. 식사 메뉴를 설명하고 승객이 선택하는 과정과 서로 주고받는 간단한 한국어 대화까지도. 사진을 찍듯 눈으로 담아두고 있었다.
 그러다 자신들의 순서가 오면 찍어둔 장면을 붙여 넣듯 그대로 따라 했다. 빨간 모자를 숙이며 감사합니다는 말도 잊지 않았고.

수상한 점도 있었다.

그들은 틈만 나면 물을 요청했다.

"저기요, 물 주세요. 나도요. 여기도요."

오늘따라 기내식이 자극적이었던 걸까. 아니면 일부러 나를 조롱하고 있는 걸까. 그때 주변에 있던 한국 승객이 내게 말했다.

"물이 귀한 나라라 그래요.
마실 수 있을 때 많이 마셔두려고."

마음을 언어맞아 부은 탓인지
입고 있던 유니폼이 답답하게 느껴졌다.

한국에 가도 물을 많이 마실 수 있다고. 그러니 지금 무리하지 않아도 된다고. 언어가 관통하지 못하는 곳으로 마음이 제 몸을 날려 부딪치기 시작했다.

공항에 도착해 게이트를 나서니 한 남자가 팻말을 들고 서 있었다.

'코리안 드림을 이룹시다.'

그들은 그 남자를 따라 사라졌다. 빨간색은 멀어져도 희미해지지 않았다. 물보다 귀한 것이 많아야 할 텐데. 모든 게 물처럼 유유히 흘러가진 않을 텐데.

신입 시절 선배가 말했다.

"비행기에서 내리면 모든 걸 잊어요."

하지만 세상에는 마음이 터지도록
간직하려는 사람도 있다.

유실물 보관소

비행기가 착륙하고 승객들이 떠난 기내에는 그들이 남긴 흔적들로 가득하다. 짧거나 길었던 비행시간 동안 사람이 머물다 간 장소에 흔적이 남아있지 않다면 그것 또한 이상한 일일 것이다. 좌석 위에는 승객들이 덮었던 담요가 제각각의 형체가 되어 놓여있는데 그것을 들춰보면 종종 다양한 분실물을 발견하게 된다.

담요 밑의 단골 분실물이라면 무선 이어폰과, 신용카드, 책 정도가 아닐까. 잡지를 꽂아두는 좌석 앞주머니에서는 주로 지갑이나 여권, 그리고 전화기가 빈번하게 발견되고, 가끔 승객들이 넣어둔 쓰레기도 담겨있다. 처음에는 승객들이 왜 이곳에 쓰레기를 넣어두는지 도통 이해할 수 없었지만, 내가 승객이 되어 여행을 갈 때마다 자연스레 그곳에 쓰레기를 숨기는 내 모습에 고개를 끄덕이게 되었다. 그리고 머리 위 선반에서는 가끔 우산이나, 가방, 심지어 여행용 캐리어까지 발견되기도 한다.

그래서 승무원이 비행기에서 내리기 전 해야 하는 마지막 임무가 바로 기내를 살펴보며 승객들이 두고 간 물건이 있는지 확인해 보는 일이다. 웬만한 물건은 금세 발견되지만 이 마지막 절차 또한 사람이 하는 일이라 반지나 귀고리처럼 작은 물건들은 바닥에서 계속 반짝여 주질 않는 이상 발견하기가 정말 쉽지 않다. 다행히 승무원이 발견한다면 승객도 분실물을 금방 되찾을 수 있는 확률이 높아진다. 승무원이 퇴근길에 공항 내 유실물 보관소에 분실물을 맡기게 되는데, 운이 좋다면 그 길에 승객과 마주쳐 곧바로 물건을 건네받을 수 있다.

하지만 많은 경우 승객과 마주치지 못하고 보관소에 분실물을 맡기게 된다. 물건을 습득한 편명과 날짜, 물건의 종류와 색상 등등을 기록해 두면, 추후에 해당 승객에게 연락이 올 때 보관소 측에서 물건을 확인해 준다. 만약 최악의 경우가 있다면 전화기나 지갑을 분실한 승객이 곧장 연결편 비행기에 탑승하는 상황이다. 그런 경우에는 분실물이 말 그대로 오랜 시간 여러 나라를 돌고 돌아야 하는 상황이 발생한다.

한 번은 보관소에 분실물을 맡기다 우연히 이전의 기록들을 살펴보게 되었다. 하루에도 수없이 많은 분실물이 들어오는 것에 비해 되찾아가는 승객은 거의 없었다. 오랜 기간 찾아가지 않은 품목은 주로 장갑이나, 목

베개, 가디건 등이 주를 이뤘던 반면, 바로 되찾아간 물건은 지갑이나, 시계, 이어폰 등이 많았다. 역시나 고가품은 되찾아가고, 비교적 저가품들은 찾아가지 않는다고 단순하게 생각할 수 있겠지만, 개인에게 사연 없는 물건은 없듯 되찾아갈 수 없는 사정도 얼마든지 있을 것이다. 공항이 멀어 좀처럼 시간을 낼 수 없는 승객도 있겠고, 분명 여전히 잃어버린 줄도 모르는 승객도 많지 않을까.

사실 지금 필요한 것이 아니라면 잃어버린 줄도 모른다. 심지어는 그것이 내 곁에 있었는지조차 모른 채 살아간다. 그러다 문득 필요할 때가 되어야만 이제 그 물건이 더는 내 곁에 없다는 걸 알아챈다. 그제야 유실물 보관소를 찾아가 분실물을 찾아보지만 이미 폐기된 지 오래이거나, 되찾았을 수 있대도 야속한 시간이 많이 흘러 상태가 더는 예전과 같지 않다.

보관소에서는 잃어버린 물건을 일정 기간만 보관해 준다. 잃어버린 걸 되찾을 생각이라면 너무 늦지 않았으면 좋겠다. 되찾아가지 않는 모든 것은 영원히 사라질 테니까.

유실물 보관소를 찾을 때마다 쓸데없이 생각이 많아진다. 사람도 아니고 물건일 뿐이지만, 잃어버리고 남겨진 것들 앞에서는 먹먹하고 쓸쓸한 기분이 든다.

만남과 작별이라는 단순한 속성도 사람과 사람 사이에만 적용되는 것이 아닌 우리가 살아가는 이 세계의 모든 것들이 피해 갈 수 없는 숙명인지도 모른다.

뒤에서 닫히는 문

어렸을 적에는 현실감각이 없는 것이 멋이라고 믿었다. 자신이 품은 이상과 꿈에 대한 열망만 가득하다면 현실을 살아가기 위한 방법 같은 것은 언제까지나 미뤄 둬도 좋다고 생각했다.

이상과 꿈에 반대되거나 관련도 없는 하찮은 단순노동 같은 것은 현실에 패배한 바보들이나 하는 것이라고 비웃었다.

배가 고파야만 꿈이고, 배가 고파야만 예술이라는 허영에 사로잡혔었는지도 모르겠다. 돌이켜보면 현실감각 자체가 없었던 어린아이의 대책 없는 소원 같은 것이었다.

지금의 꿈을 나중으로 미뤄두는 것도, 벽에 부딪히지 않기 위해 다른 길로 돌아가는 것도, 전부 다 패배자의 변명처럼 느껴지던 그 시절, 하루는 예술로만 생계를 유지하던 선배가 다가와 말했다.

밥벌이를 갖는 게 나쁜 게 아니라고.
우선 현실을 살아내야 꿈도 꿀 수 있다고.
지금이 아니라도 우회로는 얼마든지 있을 거라고.

그리고,
지금 너는 이상과 꿈에 갇혀 아무것도 볼 수 없다고.

그때는 선배의 조언을 흘려들었지만 아무래도 그 말들은 나를 지나치지 않고 가슴 속에 정확하게 들이박혔던 게 분명하다. 이것만이 정답이고, 이것만이 유일한 길이라는 고집을 버리니 그동안 볼 수 없었던 수많은 길이 보이기 시작했고, 생각보다 우회로도 적지 않았다.

대범한 사람들은 무작정 길을 나서기도 하지만, 나처럼 소심한 사람들은 계획 없이 길을 나서면 길을 잃을지도 모른다는 불안에 앞으로 나아갈 수 없다. 내게 그 선배의 말은 어떤 시기 같은 것이었다. 이제는 조금 다르게 세상을 바라봐야만 하는 시기, 나의 부족함을 인정해야만 하는 시기, 좁은 내면에서 벗어나야 할 시기 같은 것 말이다.

꿈을 미뤄두는 것도, 길을 돌아가는 것도, 그렇게 현실에 타협하는 것도 어쩌면 전부 개인의 삶에서 정해진 시기인지도 모른다. 포기도 좋고, 체념도 좋고, 끈질기게 물고 늘어지는 것도 좋지만, 분명한 것은 현실을 살아가는 사람이 미래에 대한 변수를 미리 생각해 놓지 않으면 조만간 현실에 목덜미를 움켜잡히는 날이 반드시 찾아온다는 것이다.

시기를 놓친다는 것은 거대한 문이 등 뒤에서 닫히는 것과도 같다. 살아가면서 너무도 많은 문이 등 뒤에서 닫혔다. 그리고 다시는 열리지 않았다. 타이밍이라는 것은 사랑에 있어서만 중요한 것이 아니었다. 모든 시기를 놓치면 너무 커다란 대가를 뒤늦게 치러야 한다.

나태해지는 연습

직장인의 글쓰기라는 주제로 책방에서 북토크를 몇 차례 진행한 적이 있다. 인기 없는 작가의 북토크에도 줄곧 독자들이 찾아와준 것은 그만큼 글을 쓰고 싶어 하는 사람들이 많다는 의미가 아니었을까. 별것 없는 나의 이야기에도 귀 기울여주는 모습들이 참 신기하고 따뜻했다. 쪽지로 질문을 받아 한 장씩 펼쳐보다 보면 늘 따라오는 질문 하나가 있었다.

"비행을 하면서 어떻게 해마다 책을 출간할 수 있었나요?"

때마다 조금씩 다른 답변을 하곤 했지만, 내게는 변하지 않는 공통된 한 가지 대답이 있었다.

"성실함에 대한 강박으로 살아가는 것 같아요. 덕분에 꾸준할 순 있지만 그게 저를 못살게 굴어요."

성실한 태도를 내세우고 싶었던 것이 아니었다. 강박으로 살아가는 사람의 고단함에 대한 솔직한 심정이었다. 나는 노력에 비례하지 않는 성과 탓에 열등감이 심한 유년 시절을 보냈다. 그때의 내가 할 수 있었던 건 남들보다 무작정 더 많은 시간을 쏟아붓는 것뿐이었다. 그러면 사람과는 멀어져도 간신히 평균이 될 수 있었다. 성실함은 그렇게 나를 배신하지 않는 유일한 무기가 되었다.

글쓰기도 마찬가지였다. 성실하게 썼지만 늘 대가가 따랐다. 직장인은 시간이 한정적이었다. 퇴근 이후의 시간을 쪼개서 쓰거나 잠을 줄이는 방법 이외에는 없었다. 누군가는 내게 멋진 삶을 산다고 말했지만, 그것은 어디까지나 내 삶에 직접 관여하지 않는 사람의 입장일 뿐이었다. 강박은 사람에게 틈을 허락하지 않았다. 틈이 없는 나는 사랑하는 사람마저도 비집고 들어올 수 없는 사람이었다.

그들의 외로움과 서운함을 먹고 문장들이 자라났다. 그래서 나의 글은 아무리 환해져도 한계가 명확하다. 슬픈 자양분으로 자라난 문장들은 눅눅한 그늘을 벗어날 수 없다. 그 그늘에서 나는 염치도 없이 계속해서 성실하게 글을 쓴다. 대단할 것도 없는 일상의 감정들을 기록하고자 너무 많은 빚을 졌다. 그리고 갚을 길도 없다. 나는 늘 받기만 하는 사람이다.

북토크가 끝날 때는 항상 다음 책에 관한 이야기를 나눴다. 그리고 해가 바뀌던 어느 겨울의 북토크를 마치며 이런 새해 다짐을 덧붙이기도 했다.

"새해에는 조금 나태해지고 싶어요. 성실함에 대한 강박이 제 인생을 너무 갑갑하게 만드는 것 같아서. 그래서 요즘은 아무것도 하지 않는 시간을 일부러 만들어두고 나태해지는 연습을 합니다. 잘 될지는 모르겠지만."

지금도 여전히 연습을 한다.
잘 될지는 모르겠지만.

외국인 승무원

 같은 항공사에도 외국인 승무원이 많다. 주로 비영어권 국적이 대부분이고 한국인 승무원들과 함께 일하며 기내에서 현지의 언어와 문화적인 측면에서 커다란 도움을 준다. 국적 분포를 보면 중국, 일본, 러시아, 태국, 우즈베키스탄, 말레이시아 등등 다양하지만 아무래도 가장 가깝고 노선이 많은 중국 승무원의 비중이 절대다수를 차지한다. 회사나 기내에서 외국인 승무원을 마주칠 때면 익숙해지긴 했지만 여전히 낯설고도 새롭다.

 해당 국가의 비행을 떠날 때면 보통 두 명 내외의 현지 승무원과 함께 일한다. 한국 승무원이 현지의 기본적인 기내 대화를 익혔다고 할지라도, 기내에서 벌어지는 다양한 상황을 현지어로 설명하는 것은 불가능에 가깝다. 그럴 때 현지 승무원이 다가와 승객과 능숙하고 원활한 대화로 상황을 매끄럽게 이어간다. 게다가 언어뿐만 아니라 현지인의 특성과 문화 차이에 대해서도 면밀히 알고 있기 때문에 그들이 없는 비행은 생각만 해도 난감하다.

그들은 국적별로 자신의 모국을 베이스로 둔 채 비행을 다니기도 하고, 한국의 숙소에서 계약된 기간 동안 머무르며 완전한 타지 생활을 하기도 한다.

하지만 모두가 연고도 없는 해외에서의 생활을 무탈히 견디는 것은 아니다. 누군가는 변화된 환경과 문화에 빠르게 적응할지라도, 다른 누군가는 도저히 적응하지 못해 몇 년 남은 취업 계약을 파기하고 고국으로 돌아가기도 한다. 적응이 어려웠다면 특히나 어떤 부분이 가장 이겨내기 힘들었을까.

언젠가 중국으로 향하는 비행이었다. 그날도 중국인 승무원 한 명과 함께 일했다. 이제 막 입사한 새내기 승무원이었던 까닭일까. 유난히 내성적이고 사람을 어려워하는 기색이 눈에 띄었다. 비슷한 부류의 사람끼리는 서로를 누구보다 빠르게 알아챈다고 했던가. 한국의 모든 게 낯설던 그녀도, 여전히 환경에 적응 중이던 나도, 어쩌면 비슷한 마음이 아니었을까. 잦은 실수를 일삼던 그녀는 선배에게 쓴소리를 들으며 점점 더 울 것 같은 표정이 되었다.

그런데 그런 그녀의 모습을 유심히 지켜보던 매니저가 내게 다가와 말했다. 외국 항공사에서 몇 년간 승무원으로 일한 경력이 있는 매니저였다.

"힘들겠다. 나도 외항사에서 저렇게 지냈었는데. 실수해도 좀 챙겨줘요. 혼나는 건 괜찮은데 외로운 건 어떻게 안 되더라고."

매니저에 따르면 자신이 외국 항공사에서 일할 때도 먼저 한국으로 돌아간 동기들이 적지 않았다고 했다. 처음에는 현지 생활이 값을 매길 수 없을 만큼 즐거웠지만, 문득문득 한국과 가족이 너무 그리웠다고. 그리고 친구들 사이에서 자신의 존재가 잊히는 게 두려웠다고. 무엇보다 마음을 털어놓을 수 있는 사람이 주변에 없다는 사실이 가장 힘들었다고 말했다. 나와의 대화를 끝낸 매니저는 그녀에게 다가가 말을 걸었다. 갑작스러운 매니저의 등장에 그녀는 짐짓 놀란 모습이었다. 무슨 대화를 나누는지 알 수는 없었지만 매니저는 이따금 그녀의 어깨를 토닥여줬다.

외국인 승무원과 함께 했던 지난 비행을 떠올려봤다. 물론 친화력이 특출난 사람은 어디에나 있다. 하지만 대부분은 성격이 유난히 밝지 않은 이상 늘 혼자였다. 일할 때도, 휴식을 취할 때도, 심지어는 공항에서 이동할 때도. 하지만 먼저 다가가는 사람에게는 언제나 사람 좋은 얼굴로 대해 주곤 했다. 그런 사람에게는 넌지시 속마음을 털어놓을 때도 있었고, 대화를 나누기 전에는 알 수 없는 모습들도 참 많았다.

그들은 어려웠던 걸까, 외로웠던 걸까, 아니 어쩌면 기다리고 있던 걸까.

우리처럼, 그리고 나처럼.

마음의 순환

날마다 수많은 승객을 상대하며 모두에게 진심이 담긴 서비스를 제공한다고는 말할 수 없다. 그리고 모두에게 건네는 밝은 미소와, 상냥한 말투와, 부드러운 태도 또한 가식인 적은 없다고 말할 수도 없다. 때로는 승무원 하면 떠오르는 그런 이미지들조차 생각나지 않을 만큼 몸과 마음이 지칠 때도 있지만, 그럼에도 자신의 본분마저 망각할 만큼 적당한 선을 넘어선 승무원은 없을 것이다.

대부분의 승무원은 승객에게 좋은 인상을 주기 위해 자신의 말투와 태도를 정돈한다. 때때로 가식이 섞일지라도 로봇이 아닌 이상 조금의 마음도 담기지 않을 수는 없다. 마음은 사람의 의지와는 상관없이 한순간도 멈추지 않고 작동한다. 하지만 마음은 모두에게 공평하게 배분되진 않고 내게 상냥한 사람에게는 큰마음이, 무례한 사람에게는 작은 마음만 전해진다. 심장 박동을 임의로 조절할 수 없는 것처럼 마음의 흐름 또한 조절할 수 없다.

흔히들 마음을 필요 이상으로 사용하는 사람은 그것에 너무 무뎌진 탓에 자신이 받는 입장이 되었을 때도 반응이 둔감할 것이라 생각한다. 하지만 오히려 그 반대일 때가 많다. 마음을 주는 것에만 익숙한 사람은 작은 마음에도 쉽게 감동할 때가 많다. 그것은 받은 마음이 유난히 특별하기 때문은 아닐 것이다. 다만 가끔은 자신에게 돌아오는 마음도 존재한다는 걸 알게 된 까닭이 아닐까.

승객과 승무원의 관계일지라도 마음이 오가는 순간은 각별하다. 그래서 많은 승무원이 승객의 따뜻한 말 한마디에 진심의 미소를 지을 수 있는 게 아닐까. 다시 사람이 좋아지는 그런 순간들, 속는 셈 치고 또 한 번 희망을 걸고 싶은 날들. 어쩌면 마음이 빠져나간 공간은 다른 무엇도 아닌 오직 마음으로만 채워질 수 있는 게 아닐까.

마음과 감정이 소모가 아닌 순환일 때, 비로소 사람도 조금 온화해진다고 믿는다.

가장 완벽한 타이밍

신입 시절 갑자기 허리에 통증을 느껴 병원을 찾았다. 엑스레이 결과를 지켜보던 의사 선생님이 말했다. 기내로 들어오는 무거운 짐을 승객과 함께 올리고 내리는 동작을 반복하다 보니 아무래도 허리에 무리가 간 것 같다고. 그러면서 진단서를 끊어주며 두 주간 물리치료를 받으며 쉬어가는 시간을 가져볼 것을 권했다. 성수기가 따로 없을 만큼 해외여행이 일상이던 시절이었다. 의욕이 넘쳐 허리가 하중을 얼마든지 견뎌낼 수 있을 것이라 믿었던 탓이었다. 꾸준한 운동으로도 버텨낼 수 없었던 건 사소한 방심의 무게였다.

비록 병가였지만 일을 시작하고 처음으로 긴 휴가를 얻은 셈이었다. 그런데 막상 예상치도 못했던 시간이 생기니 무엇을 해야 할지 막막하기만 했다. 멀리 여행을 떠나자니 물리치료를 받아야 했고, 혼자 동네에 있자니 긴 휴가가 너무 아쉬웠다. 그래서 본가인 대전에 내려가 그곳에서 물리치료를 받으며 오랜만에 부모님과 시간을 보내기로 했다. 부모님도 내 건강을 염려하면서도 늘 비행을 다니며 분주했던 아들과 당분간 함께 지낼 수 있다는 사실에 적잖이 반가워했다.

우리 가족이 여행을 즐기는 편은 아니었지만 그래도 모처럼 세 식구만의 추억을 만들고 싶었던 걸까. 대전에서 가까운 전주로 당일치기 나들이를 다녀오기로 했다. 세 식구가 함께 드라이브를 떠났던 게 얼마 만이었을까.

전주로 가는 차 안에서 문득 유년 시절의 기억이 떠올랐다. 차 안에는 늘 김광석의 노래가 흐르던 시절이었다. 아직 초등학생이었던 나는 뒷좌석에 앉아 창밖을 구경하곤 했다. 그러다 작은 체구로 앞좌석 사이로 고개를 내밀어 엄마와 아빠에게 재롱을 부렸다. 그럴 때마다 엄마는 고운 손길로 내 턱살을 쓰다듬어주곤 했던 날들의 기억. 어느덧 긴 터널을 지나 전주에 도착해 있었다.

한옥마을을 걸을 때 예상치도 못한 눈발이 흩날리기 시작했다. 아름다운 한옥과 한복을 입은 사람들 위로 하얀 눈이 내려앉았다. 잠시 흩날리다 그칠 눈이 아니었다. 설국에 들어선 것처럼 눈은 끝도 없이 내렸다. 그만 차로 돌아갈까 생각도 했었지만 우리 가족은 낭만에 이끌렸다. 하나의 우산 아래 팔짱을 끼고 걷는 부모님의 모습을 멀리서 바라보며 걸었다. 부모님의 연애 시절은 아마도 그런 모습이 아니었을까.

눈 쌓인 전동성당은 이국적인 모습이었다. 우리는 전동성당을 배경으로 모처럼 사진을 찍었다. 삼각대도 없이 그럭저럭 세 식구의 얼굴만 나오면 된다는 듯 무작정 셔터를 눌렀다. 사진도 좋지만 우리가 함께 있다는 현재의 순간을 온전히 만끽하는 것에 익숙한 사람들이었다.

우산 위에도 눈이 쌓였고 거리는 눈밭이 되어 발자국이 진하게 남았다. 뒤를 돌아보면 세상에 우리밖에 없는 것처럼 세 식구의 발자국만이 유일했다. 폭신한 눈밭을 걷다 보니 어느덧 저녁 어스름이 낮게 깔렸다. 추운 날씨와 오랜 걸음에 엄마의 체력도 한계에 다다랐는지 발걸음이 느려지기 시작했다. 나들이를 떠나기로 결정했을 때 이미 알고 있었다. 엄마가 가족의 추억을 위해 무리하고 있다는 것을.

그럼에도 말릴 수 없었던 건 지금이 아니면 또다시 이런 기회가 찾아오지 않을 것이란 막연한 예감 때문이었다. 스케줄 근무를 하는 내가 긴 휴가를 얻기도 쉽지 않을 것이고, 엄마의 건강이 세월을 버텨줄 수 있을지 확신이 없었다. 그 겨울 전주의 밤을 뒤로하고 우리는 서둘러 대전으로 돌아왔다.

엄마는 그 겨울로부터 오 년 뒤 세상을 떠났다. 건강이 세월을 버텨내 주지 못했다. 짧았던 반나절 동안의 전주 나들이가 우리에게 마지막 여행이 되었던 것이다. 엄마는 미래를 내다보고 흔쾌히 무리를 했던 것일까. 그랬다면 엄마의 생각대로 많은 추억을 만들었으니 성공적인 여행이었다고 믿어봐야 하는 걸까.

나는 여전히 승무원으로 일하고 있고 좀처럼 시간을 내지 못한다. 허리는 많이 나아졌지만 예전처럼 방심하지는 않으려 한다. 생각해 보면 그때 허리 상태가 악화되고 병가를 냈던 일들이 더할 나위 없이 적절한 시기였던 것이다. 그때 만약 내가 아프지 않았더라면 우리 가족이 간직할 수 있는 추억도 줄어들었을 테니까.

운명도 가끔은 무심하지 않을 때가 있다고, 그렇다면 한편으로 다행이지 않았느냐고 우겨본다.

잔세스칸스

그곳에 가면 네덜란드의 풍차 마을을 볼 수 있다고 했어. 풍차 마을이라니. 어쩐지 동화 속에나 등장할 법한 단어였지. 로밍도 되지 않은 전화기와 지도 한 장을 달랑 들고 무작정 암스테르담 중앙역으로 향했어. 열차 탑승권을 판매하는 금발의 여인에게 말했지. 잔세스칸스로 가는 표를 구하고 싶다고. 그런데 그녀는 고개를 갸우뚱할 뿐이었어. 안 되겠다 싶어 내가 지도를 가리키며 다시 물었더니 그제야 알겠다는 듯 그녀는 정확한 네덜란드어로 'Zaanse Schans(잔세스칸스)'라고 발음해 줬어. 생전 처음 들어보는 현지인의 신기한 언어였지. 마치 유럽 속의 유럽으로 들어가는 첫 입국 심사 같은 발음이었어.

노란 열차가 달리는 동안 나는 지도에서 눈을 뗄 수 없었어. 그녀가 표시해 준 'Koog Zaandijk(꼬잔디크)' 역에서 내려야 했으니까. 내 생각과 전혀 다른 발음으로 안내 방송이 흘러나와도 알아채야만 했으니까. 내가 너무 초조해 보였는지 아니면 열차 안의 유일한 동양인이었던 탓인지 현지인들이 나를 신기한 듯 바라보고 있었어. 눈이 마주칠 때마다 미소를 짓길래 나도 따라서 웃어봤지. 외국에서는 보통 이렇게들 살아간다고 했으니까. 미소가 번진다는 건 그럴 때를 두고 하는 말이었을까.

무사히 꼬잔디크 역을 빠져나왔을 때 나를 처음 반겨준 건 나란히 서 있는 빨간 벽돌집과 그 앞에 늘어선 공공 자전거와 흐린 하늘, 그리고 빗줄기였어. 가만 빗줄기라니, 우산도 없이 찾아왔는데 어떻게 풍차 마을까지 가야 하나 망설이게 되었지. 하지만 여기까지 와서 고작 비 때문에 돌아갈 수는 없으니 결심이 필요했어. 네덜란드의 비를 맞아보자. 외국에서는 보통 이렇게들 살아간다고 했으니까. 혹시나 지도가 젖진 않을까 작게 접어 주머니에 넣고 길을 따라 걸었어. 날씨 탓인지 거리에는 사람의 흔적을 찾아볼 수 없었지.

이정표를 따라 걷다 보니 자전거를 타고 우유를 배달하는 현지인이 눈에 들어왔어. 비가 이렇게 내리는데 우비도 없이 자전거를 타다니, 역시 동화 속 마을로 가는 길이 틀림없다고 생각할 때쯤 풍차 마을로 이어진 커다란 다리가 보였어. 얼른 마을로 가서 비부터 피해야겠다 싶었지. 점점 빗줄기가 굵어지고 있었거든. 그런데 빗길을 달려 다리 앞에 다다랐을 때 더욱 동화 같은 일이 펼쳐졌어. 글쎄 저 멀리 다리의 중간 부분이 서서히 수직으로 올라오고 있던 거야. 알고 보니 배가 지나갈 때 열리는 도개식 다리였던 거지. 우연이라기에는 너무도 장난 같은 타이밍이 아니었나 싶어. 내리는 비는 피하는 게 아니라 받아들이는 것이라고 애써 마음을 다스려 봤어.

선택의 순간이었지. 돌아갈 것이라면 지금 돌아가야 했고, 풍차 마을로 계속 가보겠다면 다리가 다시 내려올 때까지 기다려야 했어. 이 선택 하나로 앞으로 내 삶에 그려질 장면들이 완벽하게 달라질 것이었지. 비가 곧 그칠 수도 있고 종일 내릴지도 몰랐지만, 아무래도 나는 계속 가야만 할 것 같았어. 어쩐지 다시는 이 낯선 나라의 낯선 장소에 찾아올 기회가 없을 것 같았거든. 비를 피할 곳이 없었지만 나는 결국 다리가 내려오길 기다리기로 했지. 유유히 흘러가는 커다란 배를 구경하면서, 저 멀리 어렴풋이 보이는 풍차의 날개를 바라보면서.

그렇게 흠뻑 젖은 모습으로 풍차 마을에 도착했을 때 흐린 하늘을 향해 높게 솟아있는 거대한 풍차들이 모습을 드러냈어. 비록 이제 관광용 풍차 몇 개만 남아있었지만 그것만으로도 멋진 광경을 자아내고 있다면, 오래전 칠백 개가 넘는 풍차가 있던 시절의 잔세스칸스는 과연 어떤 모습이었을까. 마을에 드물게 보이는 관광객들은 모두 우산을 쓰거나 우비를 입고 있었어. 심지어 마을에서 방목하는 염소들도 비를 피해 자신들의 나무집에서 고개만 빼꼼히 내놓고 나를 바라보고 있었지. 여물을 씹는 입 모양이 꼭 이렇게 말하는 것 같았어. 아무리 동화 같은 마을이라지만 그렇게 비를 맞다가는 다시 바깥세상으로 돌아갈 수 없어.

결국 비를 피해 무작정 가까운 가게의 문을 열었어. 기억나니 어릴 적 만화에서나 보던 노랗고 동그란 치즈들이 탑처럼 차곡차곡 쌓여있는 그런 장면 말이야. 가게 안은 온통 치즈로 가득했는데 냄새가 유난히 강렬했던 걸 보면 아마도 염소 치즈를 판매하는 곳이었나 봐. 언젠가 염소 치즈 특유의 악명 높은 누린내에 대해 들은 적이 있었거든. 아까 나를 바라보던 염소들이 씩 웃는 것 같았지. 그 순간 가게 주인인 듯한 할머니가 내게 다가오는 모습이 보였어. 혹시나 내 옷에서 떨어지는 빗물 때문에 바닥이 젖고 있으니 당장 나가 달라고 하진 않을까 걱정이 되었지.

그녀가 무표정한 얼굴로 이쪽으로 오라는 손짓을 했어. 어디로 나를 데려가려는 걸까. 조금 긴장했지만 가게에서 나가 달라는 것보다는 나을 것 같았지. 그녀를 따라간 계산대 옆에는 작은 난로가 피워져 있었어. 그녀는 내게 여기 잠시 앉아서 몸을 녹이라는 듯한 말을 건네더니 어디론가 사라졌지. 뜻밖의 친절이라니. 혼자 의자에 앉아 젖은 옷을 말리며 가게를 둘러보는데 내 옆에 작은 거울이 있던 거야. 거울 속에 웬 동양인 남자 한 명이 축축하게 젖어있더라고. 그렇게 처량한 모습도 없었지. 주인 할머니도 얼마나 당황했을까. 이 날씨에 동양인 남자가 비를 흠뻑 맞은 채로 자신의 가게로 들어설 줄이야. 아무래도 내 선택이 너무 무모했던 걸까. 아까 다리가 올라갔을 때가 돌아갈 수 있는 마지막 기회였던 건 아닐까.

갑자기 내 눈앞에 머그잔이 나타났어. 영화를 볼 때 화면 안으로 사물이 훅 들어오는 것처럼 꽃무늬 찻잔이 내 시야를 가득 채웠던 거야. 사라졌던 주인 할머니가 어느새 내 옆에 서 있었지. 우유를 조금 데웠으니 마셔보라고. 낯선 영어 발음으로 그녀가 그렇게 말했어. 얼떨결에 잔을 받아 든 나는 한동안 아무 말도 할 수 없었어. 따뜻한 우유가 내 몸을 녹였기 때문인지, 선택에 후회하고 있던 내 마음을 녹였기 때문인지 알 수 없었어. 할머니는 다시 자신의 일을 하고 있었어. 그러면서 문득문득 나를 바라보고 웃어줬지. 내가 할 수 있는 게 뭐가 있겠어. 그녀보다 더 밝게 웃어주는 것밖에는.

어느덧 비가 그쳤고 외투도 적당히 말랐어. 열차 시간에 늦지 않으려면 이제 마을을 떠나야 했지. 채비를 하는 내게 할머니가 다가와 말했어. 옷이 아직 마르지 않은 것 같은데 조금 더 머물러도 된다고. 나는 사정을 말하며 충분히 따뜻했다고 그래서 고마웠다고 전했어. 'Dank U'라는 발음이 'Thank you'와 다르지 않아서 다행이었지. 가게를 나서며 아까 봤던 동그란 치즈를 여러 개 샀어. 할머니가 그러지 않아도 된다고 했지만 어쩐지 그러고 싶어서.

한참을 걸어 아까 건너간 다리를 다시 건너왔어. 내가 다리를 완전히 벗어나자 잠시 후 다시 다리가 올라가기 시작했지. 배가 곧 지나가겠구나 생각하며 그 다리를 지켜봤어. 어쩐지 풍차 마을에 다녀왔다는 게 믿어지지 않았나 봐. 그곳의 비 내리는 풍경과 치즈 가게, 그리고 할머니가 건넨 따뜻한 우유 같은 것들이 꿈처럼 느껴졌어.

저 다리가 아무래도 동화 속 마을과 연결된 통로였던 게 아닐까. '이상한 나라의 엘리스'가 토끼 굴을 통해 다른 세상으로 들어서는 것처럼 말이야. 치즈 가게가 아니었다면, 할머니가 건네준 우유가 아니었다면, 나는 분명 저 다리를 원망하며 풍차 마을을 떠나게 되었을 텐데.

머나먼 나라에서 익숙한 온기를 선물 받고 다시 열차에 올랐어. 창밖에는 물감을 덧칠해 놓은 듯한 빛깔의 석양이 지고 있었지. 세상에는 처음에는 다르게 보이지만 결국은 다르지 않은 것들이 얼마나 많은 걸까. 자꾸만 하루의 일이 꿈처럼 느껴져서 내 손에 들린 치즈 꾸러미를 만지작거렸어.

동화 속으로 떠나는 통로는 장소가 아닌 마음에 있었던 게 아닐까. 비슷한 장면들이 반복되며 삶의 모습을 완성해 가는 것처럼, 그날 이후 내 삶의 퍼즐이 몇 조각은 더 맞춰진 느낌이야.

그때의 우리는

　사진첩을 거슬러 오르면 어느덧 희미해진 비행의 순간들을 다시 발견하게 된다. 육 년 전 입사 후 동기들과 함께 몇 달 동안 훈련을 받던 사진으로 시작해 마스크가 일상이 된 현재까지 셀 수도 없이 많은 모습이 나타났다. 그동안 함께 일하는 동료들이 여러 번 바뀌며 반복되는 만남과 작별에 감정을 추스르기 어려웠던 날도 많았지만, 영원할 것 같던 아쉬움이나 그리움도 늘 새로운 환경에 야속하리만큼 빠르게 적응해 갔다.

　사진첩의 가장 많은 부분을 차지하는 것은 단연 해외에서 찍은 사진들이었다. 유명한 관광지는 물론이고 소소한 동네 골목의 풍경과 음식들, 그리고 때마다 친하게 어울리던 동료들의 모습. 모두가 신입이던 앳된 얼굴의 우리가 사진 속에서 말갛게 웃고 있었다. 이제는 누군가의 아내이거나 남편, 그리고 부모가 되었을 우리의 세월이 쉽게 믿기지 않아 웃음이 났다.

육 년의 시간이 너무도 빠르게 흘렀다. 정신없이 세계 곳곳을 오가는 직업인 탓일까. 서너 번 비행을 다녀오면 어느덧 계절이 지나고 있었다. 비행기 창문으로 바라본 서울에는 벚꽃이 피거나 지고 있었고, 단풍으로 물든 숲이 펼쳐졌으며, 눈발이 흩날리던 낮과 밤이 있었다. 그 광경이 몇 번 반복되더니 어느새 오늘이 되었다. 마음은 여전히 사진 속 그때에 머물고 있는데, 나는 이만큼 나이가 들었고 사진 속 우리는 연락이 끊긴 지 오래되었다.

사람과의 인연이 순간이라는 것에 미련은 없다. 하지만 다시 가볼 수 없을 것 같은 장소에 대한 미련은 강렬해진다. 체류 시간이 부족했던 나머지 제대로 둘러보지 못했던 도시와, 그곳의 풍경과 날씨, 그리고 미술관. 시간에 쫓기며 둘러본 탓에 사진은 남았지만 기억은 어렴풋한 그 모든 순간. 다음에 다시 올 때 꼭 가보자고 했던 장소와 약속들. 우리에게 남아있는 건 얼마나 있을까.

미래의 시간은 가속이 붙어 점점 더 빠르게 흐를 것이다. 그때에도 이 직업이 지금처럼 남아있을까. 나는 여전히 이 일을 하고 있을까. 그렇지 않더라도 내가 해외 곳곳을 다닐 수 있는 여유를 갖고 살아갈 수 있을까. 그리고 그때의 내 곁에는 누가 있을까. 때 이른 미래의 불안이 위태로운 시기를 관통하고 있는 현재의 나를 급습했다.

순간의 인연에 미련이 없다고 썼지만, 결국 모든 글의 끝은 인연으로 향했다. 사진 속 그때의 우리는 이제 없지만 지금은 각자 또 다른 모습으로 같은 세상을 살아가고 있을 것이다. 나도 누군가의 사진첩에는 지금보다 훨씬 앳된 모습으로 남아있겠지.

모든 게 낯설고 서툴던 신입 시절을 함께 나눴던 고마운 인연들, 이제 멀리서나마 우리의 삶을 늘 응원할게.

후회만 가득할 텐데

 밤 열두 시. 동남아 국가에서 다시 서울로 돌아갈 시간이었다. 짐을 챙겨 숙소 로비에서 동료들과 만났다. 남은 동료들을 기다리며 우리는 짤막한 대화를 나눴다. 보통은 체류하는 동안 어떻게 시간을 보냈느냐는 가볍지만 어색함을 지우기에 유용한 그런 대화들.

 누군가는 예약해 둔 쿠킹 클래스를 다녀왔다고 했다. 태국 음식인 '팟타이'와 '텃만꿍'을 현지인들과 함께 만들어봤는데 생각보다 어렵지 않았다고 했다. 그래서 집에 돌아가 연습해 보려고 추천받은 소스를 잔뜩 사 왔다고 했다.

 누군가는 새로 생긴 마사지 가게에 다녀왔다고 했다. 한국인이 운영하는 곳인데 오픈 이벤트로 승무원 할인을 해준다고 했다. 가게의 로비에서 기다리는 동안 망고와 과자까지 내어준다는 말에 다들 가게의 연락처를 나누기 시작했다.

누군가는 현지인들만 알고 있다는 맛집에 다녀왔다고 했다. 작고 허름한 가게이지만 가족 대대로 이어온 레시피 덕분에 현지인들에게 꾸준히 인기를 끈다고 했다. 개인적으로는 유명한 맛집보다 오늘 다녀온 그곳이 훨씬 입맛에 잘 맞았다고도 했다.

누군가가 나에게 시간을 어떻게 보냈느냐고 물었다. 내 대답은 특별한 일이 있지 않은 한 늘 똑같았다.

"저는 그냥 운동하고 방에서 쉬었어요."

나는 그들과 함께 있었지만 대화를 겉돌고 있었다. 함께 있을 뿐 멀리 떨어진 채 가만히 듣고 있는 것과 다르지 않았다.

다들 각자의 방식으로 비행을 즐기고 있구나. 나만 비행을 즐기지 못하고 있다는 기분이 들었다. 승무원이 된 후 생활의 반경이 이렇게나 많이 변했는데, 나는 왜 예전처럼 방에 틀어박혀 되지도 않는 글과 씨름을 하는 있는 걸까. 이 시절은 다시 돌아오지 않을 텐데.

해외에 체류하는 동안 동료들의 시간을 들으면 매번 새롭고 매력적이었다. 미국 비행을 가서 메이저리그를 관람하러 간다거나, 캐나다 비행을 가서 멀리 떨어진 스키장에 다녀온다거나, 커다란 차를 빌려서 이탈리아 남부 여행을 다녀온다거나 하는 일들. 나라고 도전할 수 없던 일은 아니지만 왠지 도전할 마음이 생기지 않던 일들. 내가 모르는 경험일수록 더욱 부럽고 멋져 보였다. 그 모든 일이 자신이 원해서 피곤한 일정에도 선뜻 나설 수 있었던 게 아닐까.

나도 에너지를 바깥으로 분출하려는 유형의 사람이었다면 그들처럼 비행의 틈새를 다양한 활동들로 채울 수 있었을까.

나의 에너지는 전부 어디로 향하고 있는 걸까. 이렇다 할 물욕도 없는 나는 아직까지 면세점을 이용할 기회가 있어도 뭔가를 구매해 본 적이 거의 없다. 누군가의 부탁을 받아 물건을 사다 주거나, 동료들이 좋다고 하는 소소한 물건을 선물용으로 사본 적은 있지만 나 스스로 간절히 원했던 적은 없었다.

군더더기 없이 깔끔하다는 기준에 충족된다면 시계는 그냥 시계, 지갑도 그냥 지갑, 외투도 그냥 외투면 만족하게 된 나로서는 물건에 대한 열정 또한 부러움의 대상이 되었다.

오래된 손목시계를 바꾸듯 나도 이제 환경에 맞게 조금은 변해야만 할 것 같은데, 나라는 사람은 어찌 된 영문인지 좀처럼 변하질 않는다.

취향이 확고하다 못해 편협해진 걸까. 그래도 삶에서 물욕이든 야망이든 적당한 욕심 정도는 괜찮을 것 같은데. 언젠가 누군가 내게 이런 말을 한 적이 있다. 너는 너무 서둘러 노인처럼 살아가는 것 같다고. 속세를 떠난 것처럼 유유자적한다는 말이었을까. 되묻지 않아도 알 것 같은 말이 있다.

동료들 사이에서 얌전히 그들의 대화를 들었다. 대화 중간마다 고개를 끄덕이며, 때마다 감탄사를 연발하며. 이제 셔틀버스를 타고 공항으로 출발할 시간이었다. 우리는 모두 이곳의 일원이었지만 모두가 똑같은 일원은 아니었다. 다들 평범한 일원처럼 보이기 위해 애쓰고 있는 것은 아닐까.

내가 갖지 못한 성격과 취향에 대한 동경과 욕심은 찰나의 순간에도 어김없이 나를 덮쳤다. 지금이라도 늦지 않았으니 조금 변해보면 어떨까. 방에서 글만 쓰지 말고 조금 더 재밌게 살아보면 어떨까. 이대로라면 분명 후회만 가득할 텐데.

잠들기 위한 방법을 찾아서

 매번 시차가 바뀌는 삶을 살고 있다. 한국은 오후 다섯 시이지만 이곳 애틀랜타는 오전 네 시가 되었다. 누구의 발걸음 소리도 들리지 않는 지금 오직 나만이 유일하게 이 도시에서 깨어있는 듯한 기분이 들었다. 고요한 숙소의 방안을 가로질러 커튼을 걷었다. 저 멀리 가로등 불빛만이 안개 낀 새벽의 거리를 조심스레 밝히고 있었다.

 수년째 세상의 여러 곳에서 적막한 낮과 밤을 맞이했다. 잠이 부족하지 않아도 자연의 흐름을 거스르면 두통이 찾아왔다. 시차와는 상관없이 인간의 몸은 이곳에 달이 뜨면 잠이 들고 해가 뜨면 깨어나야 하는 구조라고 들었다. 하지만 나처럼 예민한 사람은 수시로 바뀌는 흐름을 따라가지 못해 늘 불면에 시달렸다.

 그렇게 뜬눈으로 밤을 새우고 다시 먼 길을 떠나는 날에는 늘 체력적인 도전이 찾아왔다. 몽롱한 정신이지만 몸은 계속 습관처럼 일하고 있어서 정신과 육체가 분리된 기분이 들 때도 있었다. 그럴 때마다 때와 장소를 가리지 않고 베개에 머리를 뉘면 곧장 잠에 빠져드는 동료가 그렇게 부러울 수 없었다.

한숨도 못 자거나 두세 시간 정도만 선잠을 잔 채 출근하는 날들이 이어졌다. 가끔 몸살이 났고 두통은 만성이 되었다. 이대로는 오래 버틸 수 없을 것 같았다. 어떻게든 내 몸을 잠재울 수 있는 방법을 찾아야만 했다. 그 순간부터 동료들을 비롯해 인터넷에 있는 다양한 정보를 참고하여 하나씩 실행에 옮겼다.

1. 수면법

1) 네이비실 수면법

미국 해군의 특수부대로 잘 알려진 '네이비실(Navy SEAL)'도 수면 훈련을 한다고 알려졌다. 작전 수행 중의 극한의 상황에서도 빠르게 잠들기 위한 방법이다. 양발의 발가락을 모두 안쪽으로 구부리면 발바닥에서 열이 발생한다. 그 열이 서서히 발목을 타고 종아리, 허벅지, 그리고 상체까지 전해지면 온몸의 열 순환이 원활해져 수면에 빠져든다는 것이다. 하지만 네이비실만큼 고

강도 훈련으로 육체에 피로가 쌓인 상태가 아닌 탓인지 실패.

2) 스탠퍼드식 수면법

수면은 양보다 질이 중요하다고 한다. 그래서 황금 시간 90분의 법칙을 통해 수면 직후 90분이 남은 수면의 질을 결정한다. 90분을 망치면 남은 수면도 망치게 되고, 90분을 깊게 잠들면 남은 수면 시간 동안 숙면을 취할 수 있다는 것. 하지만 90분의 질을 높이려면 우선 잠이 들어야 하는데 규칙적으로 같은 시간에 잠들 수 없는 직업인 관계로 실패.

3) 나폴레옹 수면법

마상 수면법이라 하여 전쟁의 기간 동안 말 위에서 이동하면서 토막잠을 자는 것을 말한다. 주로 수험생들이 늦게까지 공부를 하며 네 시간 정도만 수면을 취한 뒤 다음 날 학교 책상에 엎드려 틈틈이 자는 방법으로 알려졌다. 하지만 이 방법 또한 우선은 수면이 가능한 상태가 전제되어야 하는데, 기내에서 일할 때는 교대로 정해진 휴식 시간 이외에는 토막잠을 잘 수 없어서 실패.

2. 약물 복용

* 주의. 의학적 소견이 아닌 개인의 의견일 뿐이며 일종의 오남용이다. 강제 수면과 건강을 교환하는 위험한 거래이니, 혹시나 이 글을 읽고 절대 자의적 판단으로 복용하지 않기를 바람.

1) 멜라토닌

뇌에서 분비되는 생체 호르몬으로 불면증 치료에 사용되는 약물. 한국에서는 아직 건강기능식품으로 분류되지 않아 판매하지 않는다. 상대적으로 안전하다고 알려졌지만 나의 경우에는 약 효과가 일정하지 않고 간헐적으로 두통이 찾아왔다. 성분 자체가 여성 호르몬에 영향을 끼친다고 알려진 만큼 임산부나 임신을 계획하고 있는 여성은 전문적인 상담을 필요로 한다.

2) 타이레놀PM

밤에 복용하는 타이레놀. 해열진통제 성분인 '아세트아미노펜'과 일시적 불면증에 수면유도제로 사용되는 1세대 항히스타민제 약물인 '다이펜히드라민'이 포함되어 있다. 성인 미국인 기준의 권장 복용량보다 적게(예를 들어 알약 하나를 반으로 쪼개어 복용하는 방식)복용해도 수면에 탁월한 효과를 나타냈다. 하지만 기본적으로는 진통 해열제이다.

3) 나이퀼 액상

미국에서 가장 유명한 국민 감기약. 몸살감기약 성분에 '다이펜히드라민'이 포함된다. 액상에는 알코올도 소량 들어 있어서 마실 때 목이 살짝 타들어 가는 느낌이 든다. 흡수가 빠르며 알코올 덕분인지 취한 듯한 기분으로 잠이 들곤 했다. 개인적으로 약 효과가 가장 즉각적이라 권장량의 반 컵 정도만 마셔도 몸살감기와 불면에 탁월한 효과를 보였다. 역시나 기본적으로는 몸살감기약이다.

3. 체념

사람은 이틀 정도는 잠을 자지 않고도 충분히 생활할 수 있다고 한다. 물론 깨끗한 맨정신은 아닐 테지만 이틀 정도는 사리분별에 크게 지장이 없다고 한다. 오히려 지금 억지로 잠을 자야 한다는 강박이 더 큰 스트레스를 동반한다고 하니 잠이 도무지 오지 않을 때는 깔끔하게 포기하는 것도 나름의 차선이다. 실제로 이틀 연속

깨어있는 상태로 비행을 한 적도 더러 있지만 생각보다 체력적으로나 정신적으로나 한계에 부딪히는 일은 발생하지 않았다. 하지만 그 이후에 한나절을 내리 잤던 기억이 있다.

결국 나만의 수면법 같은 것을 발견하지는 못했다. 가장 효과가 빠른 약을 찾긴 했지만 매번 약에 의존할 수는 없을 것이다. 좋은 컨디션을 위해 억지로라도 잠을 자려던 일이 오히려 건강을 해치는 일이 된다면 얼마나 커다란 모순이 될까. 하지만 숙면을 취한 날과 불면에 시달린 날의 컨디션은 극적으로 달라서 강제로라도 수면에 들겠다는 유혹이 언제나 주변에 도사리고 있다.

가끔은 이렇게까지 해야 하는 걸까 서러울 때도 많았고, 그 유혹을 이겨내지 못하고 약을 복용하던 날들도 있었다. 그렇지만 세월이 흐를수록 약보다는 차라리 수면을 포기하고 하루를 버티는 쪽을 선택하게 된다. 요즘은 이 말을 맹신한다. 잠이 오지 않을 때는 눈을 감고만 있어도 뇌가 수면 상태로 인식을 해서 우리 몸이 회복을 시작한다는 말. 과학적 근거가 분명한 말이겠지만 설령 없다 한들 부디 끝까지 믿어보고 싶은 마음이다.

나의 건강과, 지리멸렬한 생업을 지켜내기 위해서.

가장 아름다운 색 검정

 모두가 잠든 기내는 등대 없는 밤바다처럼 적막하다.
 밤바다 저 멀리 아이가 홀로 떠 있다. 새카만 모니터 화면과 밤하늘만 번갈아 보며 길 잃은 종이배처럼 갈피를 잡지 못한다.
 아무리 불러봐도 아이는 대답이 없다. 영화를 틀어줘도 과자를 쥐여줘 봐도 내 얼굴만 멀뚱하게 바라볼 뿐이다. 아이는 밤바다 위에 떠 있는 별처럼 유난히 반짝이는 눈가를 숨길 수 없었다. 무슨 사연으로 홀로 빛나고 있던 걸까

 임시 보호자에게 뒤늦게 전해 들었다.
 아이에게 다른 부모가 생기는 날이라고.

 검정, 모든 빛을 흡수하는 색.
 침묵에도 색이 있다면 검정일 것이다.

아이는 검게 표류하고 있었다. 거대한 파도를 숨긴 채로 혼자만 범람하며 부서지고 있었다. 밤바다에 몸을 맡긴 아이는 어디를 향해 흘러가고 있는 걸까.

그곳은 얼마나 환할까. 밤에는 날마다 달이 떠올라 머나먼 암초를 피할 수 있는 곳일까

긴 여행을 떠나는 너에게 과자만 건네던 나는 대체 어디로부터 흘러왔을까.

고작 과자 따위만 건네던 나는

3부

사람만이 가능한 일

조금은 쉬어가도 되는 일이지만

 잠에 사로잡힌 거북한 날들이 이어진다. 어느 나라의 어느 곳에 누워있든 나의 몸은 좀처럼 기력을 회복하지 못하고 있다. 육신의 패배라는 말이 적합한 나날들. 몸으로 일하는 노동자에게 컨디션 저하는 무엇보다 울적한 일임에 분명하다. 몸 상태가 서둘러 회복되지 않으면 일을 쉬어야 하는 상황까지 찾아오기 때문이다. 물론 나의 심신은 휴식이 절실하지만, 마음대로 할 수 없는 까닭은 평범한 직장인이라면 누구나 공감할 수 있을 것이다. 지친 몸을 이끌고 병원을 찾아 팔에 주삿바늘을 꽂는다. 영양이 듬뿍 담겼다는 투명한 액체들이 한 방울씩 천천히 혈관으로 흘러든다. 방울이 떨어지는 숫자를 세다가 까무룩 잠이 든다.

 꿈에서도 나는 육체노동을 반복한다. 사람들이 가득한 기내를 오가며 요청에 따라 쉼 없이 몸을 움직인다. 그 과정에서 쪼그려 앉았다 일어서는 동작을 반복하다 보면 무릎 관절이 조금씩 연약해지는 것을 느낀다. 관절은 소모품이라고들 하던데 그렇다면 나는 지금 소모품의 교체 비용을 미리 벌고 있는 것과 같다. 그렇다면 노동자는 노후의 병원비를 벌기 위해 현재의 노동을 멈출 수 없는 걸까. 자신의 노동에서 보람을 찾으려는 행위는 어쩌면 가장 소모적인 일인지도 모른다. 노동에서 뜻깊은 의미를 발견하게 된다면 행운이겠지만, 그럴 수 없다면 노동은 고단한 반복에 불과해질 것이다. 현상에 의문을 품는 순간 삶은 고달파진다.

아직도 수액이 내 몸에 흘러들고 있다. 주삿바늘이 꽂혀있지 않은 나머지 팔을 움직여 전화기 시간을 확인한다. 벌써 한 시간이나 지났는데. 내 몸이 수액으로 가득 차 부풀어 오르는 모습을 상상하다 간호사를 호출한다. 벌써 많은 시간이 흘렀는데 앞으로 얼마나 더 시간이 필요할지 그녀에게 묻는다. 매달려 있는 수액이 다 들어가면 어차피 끝나게 될 일이니 서두르지 말라는 답변만 돌아온다. 그건 이미 나도 알고 있었지만 그래도 묻고 싶었던 것이다. 하지만 나는 이곳에서 서둘러 벗어나고 싶은 마음에 수액의 속도를 조금 더 빠르게 조절해주길 부탁한다.

역시나 서두르면 좋지 않으니 한숨 자는 걸 권한다는 답변만 돌아온다. 간호사도 나 못지않게 고집이 센 것이다. 기력이 쇠해진 나로서는 이내 체념하고야 만다. 어차피 이곳을 벗어난다 해도 이 상태로는 마땅히 할 수 있는 것도 없다. 아마도 집에 돌아가는 즉시 침대에 몸을 뉘게 될 텐데, 그럴 바에는 차라리 병원에 좀 더 머물다 돌아가는 편이 낫지 않을까. 노동에 있어서 강인한 체격과 체력만큼 탁월한 조건은 없다. 노동의 현장에서 서로를 앞지르려 아무리 애써 봐도 결국은 건강한 사람만이 끝까지 살아남는다. 젊은 날의 패기도 잃어버린 건강 앞에서는 속수무책이다.

수액을 맞으면서까지 일을 쉬지 못하는 까닭이 나를 서글프게 하지만 그것이 삶이라면, 끝까지 살아내야 하므로 나는 조금 더 빨리 주삿바늘을 뽑아내지 못한다. 삶과 노동은 지독하게 이어진다.

핏물이 밴 손으로

 그는 늘 나를 부끄럽게 만들었다. 열악한 환경 속에서 단 한 번도 현실을 부정하거나 자신의 상황을 비관하지 않았다. 위험한 작업장에서 기계에 손가락이 절단될 뻔한 사고가 있었지만, 그는 담담했다. 날마다 묵묵히 같은 일을 반복할 뿐이었다. 그러면서도 작가가 되겠다는 꿈을 품었다. 서로 다른 일을 했지만 같은 꿈을 품고 있다는 점에서 우리가 닮았다고 믿었던 적이 있었다. 명백한 착각이었다. 그는 현실에 불만을 품지 않으면서도 일상의 균형을 잃지 않았다. 속된 말로 불만투성이에 배부른 소리만 하는 나와는 달랐다.

 그는 마장동 정육 시장에서 일했다. 고기가 통째로 들어오면 그것을 해체하고 다듬는 도축업자였다. 앞치마에는 언제나 핏물이 흘렀고 온몸에서 피비린내가 가시지 않았다. 명절이 돌아오면 주문량이 넘쳐나 새벽까지 쉬지 못하고 일하는 경우가 많았다. 정육 시장에서 일하는 그의 동료들은 쉬는 시간이 찾아올 때마다 삼삼 오오 모여 자판기 커피와 함께 담배를 태웠다. 일단 작업을 시작하면 한동안 자투리 시간을 낼 수 없어서 담배 서너 대를 연달아 태우는 일도 허다했다.

하지만 그는 조금 달랐다. 잠깐의 여유가 생기면 그는 어딘가 구석진 곳을 찾았다. 그리고는 주변의 나무상자라든지 아무것에나 걸터앉아 앞치마에서 무언가를 꺼내 들었다. 담배는 아니었고, 전화기도 아니었다. 그것은 다름 아닌 손바닥만 한 종이책이었다. 그는 그것을 틈틈이 읽었다. 한 권을 읽어내는데 두 달 이상이 걸리기도 했지만, 그는 막간의 틈을 사람들과 어울리는 대신 책과의 고독에 할애했다. 하루에 다섯 페이지씩이라도 그는 어김없이 페이지를 넘겨나갔다.

동료들은 핏자국이 선명한 앞치마를 입고 책을 읽는 그를 보며 괴짜라고 수군거렸다. 하지만 그의 귀는 이미 책 속의 다른 세상을 향해서만 열려있었다. 소설 속 이야기만 볼 수 있었고, 소설 속 주인공들의 대화만 들을 수 있었다. 그러면서 책장의 여백에 메모를 남겼다. 핏물이 밴 손으로 몽당연필을 감싸 쥔 채 성실하게 생각을 기록했다. 단 십 분일지라도, 그 찰나의 시간 동안 책 속을 여행하며 미래의 자신이 쓸 소설을 구상하는 일이 그에게는 진정한 휴식이었다.

꿈이라는 건 무엇이길래 사람을 구석에서도 주눅이 들지 않게 만드는 걸까. 무엇이길래 남들의 가벼운 말에 흔들리지 않고, 고된 하루의 끝에 기어코 연필을 쥐게 하는 걸까. 어쩌면 좋아하는 일을 지켜내는 데 필요한 건 완벽하게 준비된 환경이나 뛰어난 성과가 아니었는지도 모른다. 자신이 처한 상황과 남들의 시선 같은 것은 아랑곳없이 그 일을 절대 멈추지 않는 것, 그 태도만이 그의 일상을 온전히 대변해 줄 수 있지 아닐까.

그의 메모는 오늘도 조금씩 채워지고 있다.

깨지기 쉬운 마음

상처받기 쉬운 마음은 대면 서비스에서 가장 커다란 취약점이 될지도 모른다. 자신에게 날아드는 무수한 사람의 언어와 표정을 적당히 여과하지 못한 채 모든 것을 온 마음으로 받아내는 사람이 있다. 상처받지 않으려 아무리 마음을 단련해 봐도 굳은살은커녕 오히려 마음의 피부만 점점 더 얇아지는 사람, 흘려넘기려 해도 이미 마음 깊숙한 곳을 날카로운 말들에게 내어주는 사람.

예민함과 나약함은 동의어가 아니지만 사람들은 종종 그 둘을 같은 의미로 받아들인다. 그렇다면 나는 나약한 사람일 것이다. 사람들 틈에서 나는 웃고 있지만 가끔은 웃음이라는 갑옷에 익숙해지는 내 모습이 두렵기도 하다. 무엇을 막아내기 위한 갑옷일까. 불특정한 모든 오해의 소지를 예방하려는 것일까. 애초부터 갑옷의 내구성이 탁월했던 것은 아니다. 사실 나는 갑옷 없이도 상처받지 않는 단단한 사람이 되고 싶었다.

욕심은 머지않아 허물어졌다. 나는 사람의 말을 피할 수도 거를 수도 없는 부류의 사람이라는 것을 알아갈 따름이었다. 모든 말이 정확히 가슴에 명중했다. 감동의 진폭이 커다란 만큼 상처의 진폭도 다르지 않았다. 말들이 마음속에 머무르며 시간의 흐름에 풍화되기만을 기다렸다. 나는 깨지기 쉬운 사람이니 취급에 주의해 주세요, 라고 먼저 말할 수도 없는 노릇이었다. 나 또한 나약함을 무기로 내세우는 건 가장 피하고 싶은 일이기도 했으니까.

서비스 업무를 하게 된 이상 돌이킬 수 없었다. 사람과 대면하지 않을 수 없었고, 누군가에게 하소연할 수도 없는 나만의 취약점이었다. 그렇다고 일을 그만두는 것은 현실적인 대안이 아니었다. 간혹 승객들 짐의 겉면에 붙어있는 'fragile' 스티커를 바라보며 깨지기 쉬운 사람에게도 동일한 스티커를 붙여두는 말도 안 되는 상상을 하기도 했다. 예민한 만큼 섬세한 부분도 있다는 사실을 작은 위안으로 삼아보려 해도 늘 장점보다는 단점이 삶을 위태롭게 하는 법일까.

가냘픈 고라니에게도 악마의 울음소리가 주어진 것처럼 사람도 각각의 특성에 맞는 생존 방식이 있을 것이라 믿었다. 특별한 재주가 없는 내게는 어떤 생존법이 주어질지 기다리다 시간이 많이도 흘렀다. 글쓰기 이외의 나의 생존법이란 지극한 평범함이 아니었을까. 평범해야 눈에 띄지 않고 가늘고 길게 살아남을 수 있다는 말이 있듯이. 파도처럼 휘몰아치는 예민함도 평범함 속에 녹아들면 남들에게는 잔잔한 물결처럼 비치는 모양이다. 거세지만 소리 없는 파도처럼.

무기다운 무기는 없지만 쉽게 무너지지 않는 조금의 마음 정도는 있다. 세월이 단련해 준 맷집 좋은 그 마음. 어설픈 웃음 뒤에 숨는 것도, 뾰족한 예민함을 감추는 것도, 본래의 나를 숨기려는 부끄러운 일처럼 느껴질 때가 있다. 하지만 본래의 내 모습으로는 불가능한 일이 많은 이 세상에서는 부끄러움도 투정의 일부일까. 가끔은 어디서든 진정한 내 모습으로 사람을 대하고 싶다.

한껏 뜨거워지거나 차가워질 때도, 있는 그대로의 내 모습과 감정으로 당당하게. 혹시 그동안 나도 모르는 사이 마음이 단단해져 있을지도 모르는 일이다.

택시 드라이버

한국에서도 마찬가지이지만 해외에 나가면 나의 길치적인 면모는 더 도드라진다. 가보고 싶은 장소가 있어도 거기까지 어떻게 가야 하는지 검색하다 너무 복잡하다 싶으면 짐짓 포기해 버리는 경우도 있고, 경로를 정리해서 자신 있게 길을 나섰지만 역시나 중간에 길을 잃어 숙소로 되돌아온 때도 있다. 물론 요즘 같은 시대에 구글맵 하나면 가지 못할 장소가 없다는 것쯤은 나도 알고 있다. 하지만 길치의 면모는 언제나 모두가 안심할 수 있는 조건과 상황 속에서 빛을 발한다. 찾아갈 수 없는 것이 불가능한 상황 속에서, 길을 잃을 수 없는 순간 속에서도 길을 잃을 수 있는 능력. 그것이야말로 길치의 조건이다.

이국의 낯선 거리에서 길을 잃어본 사람들은 알고 있다. 익숙하지 않은 매표소와, 복잡한 환승 방식과, 생각처럼 전달되지 않는 나의 어색한 언어와 몸짓들. 심지어 영어권이 아닌 국가라면 현지인들에게 쉽사리 길을 물어볼 수도 없는 막막함과, 순간적으로 사위가 흐릿해지는 어지러움을. 하지만 그런 변수를 감수하고서라도 포기할 수 없는 목적지가 있다면, 나는 순순히 택시를 탄다. 내일이면 다시 한국으로 돌아가는 비행기를 타야 하는 길치 승무원에게는 시간이 비용보다 소중하다. 대중교통을 여러 번 갈아타며 현지인들에게 길을 물어보다 보면 어떻게든 목적지에 닿을 수 있겠지만, 그렇게 반나절이 사라진다면 무슨 소용이란 말인가. 합리화 또한 낯선 환경에서 더욱 빛을 발하는 모양이다.

미주 지역이나 유럽에서는 요즘은 너무도 익숙해진 우버 택시를 탄다. 앱을 통해 몇 가지 탑승 옵션 중 하나를 선택하게 되는데, 나는 주로 혼자 이동할 때는 중간마다 다른 사람들과 동승하게 되는 옵션을 선택한다. 길을 잃을 확률이 없어진 이상 도착 시간이 조금 더 늘어날지라도 평화롭게 창밖의 풍경을 감상할 수 있기 때문이다.

하지만 서양인들의 특성상 낯선 사람들과 좀처럼 침묵을 유지하지 않는다. 동승한 사람들끼리 목적지로 가는 동안 많은 대화를 나누다 친구가 되기도 하며, 심지어는 기사도 함께 친구가 되어 연락처를 주고받기도 한다. 한국에서는 쉽게 벌어지기 힘든 일상 속 풍경들이 너무도 자연스럽게 이뤄지는 모습이 낯설기도 했지만, 내심 그 친화력과 문화가 부럽기도 했다.

가끔씩 나도 관심사가 비슷한 동승자나 기사와 다양한 대화를 나눌 때가 있는데, 현지인들은 한국이라는 낯선 나라에 관한 이야기에 가장 흥미롭게 반응했다. 무엇보다도 남북 관계에 대해 특히나 흥미를 보였는데, 아무래도 휴전 중인 나라에서 평화롭게 지내는 한국인들이 신기했던 걸까. 우리가 익숙해졌을 뿐 그들의 시선으로는 여전히 전쟁 중이라는 것과 다르지 않을 테니까.

어쩌다 동승자와 대화가 잘 통하면 다음 날 다시 만나자는 제안을 받기도 하는데, 그럴 때면 나의 대답은 늘 같았다. '아쉽지만 나는 내일 이곳을 떠나야 해.' 그 대답은 거절을 위한 변명이 아닌 새로운 만남과 매력적인 체험의 가능성을 뒤로하고 일터로 돌아가야만 하는 이방인 노동자의 진심이었다.

동남아 국가들에서는 내가 길치인 까닭도 있지만 무덥고 습한 날씨를 견디지 못해 택시를 탈 때가 많다. 서양에 비해 비교적 저렴한 요금에 주저 없이 선뜻 선택하게 되는 것도 사실이다. 그날도 동남아 우버로 유명한 '그랩'을 이용해 이동 중이었는데 택시 기사가 자꾸만 베트남어로 말을 걸었다. 어쩐지 그가 영어에 익숙하지 않은 것 같아서 나 또한 몸짓을 동원해 대답을 해봤지만 역시나 짤막한 의사소통에 머무는 것을 보고 서로 말없이 웃을 뿐이었다. 하지만 침묵 속에서도 느낄 수 있는 사람의 마음이란 분명히 존재한다.

택시가 목적지에 도착하자 그는 자신이 갖고 있던 종이 지도 곳곳에 동그라미와 엑스 표시를 한 뒤 내게 건넸다. 그러더니 동그라미를 가리키며 손으로 먹는 시늉을 하고, 엑스를 가리키며 주먹으로 자신의 얼굴을 때리는 시늉을 하며 무서운 표정을 지었다. 아마도 동그라미는 식당일 것이고, 엑스는 범죄가 빈번하게 발생하는 곳이라는 의미였을 것이다. 그리고 택시에서 내리는 내게 그는 '레인! 레인!' 외치며 손으로 비 내리는 모습을 만들었다. 하늘은 해가 쨍쨍했지만 아마도 언제든 스콜이 쏟아지는 날씨를 표현하려던 건 아니었을까. 낯선 나라의 길 위에서 예고도 없이 찾아온 친절에 마음이 갈피를 잃어 서둘러 택시를 떠났다.

하지만 사람이 사는 곳이라면 어디든 따뜻한 면이 있다면 그와는 정반대의 면도 있는 법이다. 세상 모두가 선량한 건 아니기에 경계를 늦출 수는 없다. 네팔의 카트만두에 체류하던 때였다. 히말라야 등반을 위해 한국의 산악인들이 자주 찾는 도시인 만큼 한국인을 상대로

한 사기행각도 많이 벌어지고 있었다. 게다가 카트만두는 정비가 이뤄진 도시가 아니었다. 도로는 포장되지 않아 차가 달릴 때마다 흙먼지가 튀어 올랐고, 차선도 구분되어 있지 않아 차들이 이리저리 뒤엉키고 있었다. 미세먼지도 한국보다 몇 배는 심해서 금세 목과 눈이 아파왔다. 결국 가보고 싶었던 사원에 갈 수 있는 방법은 숙소에서 잡아주는 택시를 이용하는 것뿐이었다. 그런데 택시를 탈 때부터 기사가 터무니없이 높은 가격을 부르는 바람에 숙소 직원이 나와서 기사와 말다툼을 한 뒤 적정요금으로 탈 수 있게 도와주기도 했다.

목적지에 도착해 현지 시장과 사원을 둘러보는데 갑자기 어떤 현지인이 다가와 능숙한 영어로 사원의 역사를 설명하기 시작했다. 그런데 고맙다는 말을 건네고 떠나려는데 갑자기 설명을 들었으니 돈을 지불해야 한다는 것이었다. 황당한 요구에 그냥 길을 떠났지만 그도 나를 따라오면서 원하지도 않는 설명을 이어갔다. 아무래도 돈을 받기 전까지는 포기하지 않을 속셈인 것 같아서 나는 돈보다 나의 안정을 선택했다. 그제야 다른 사람에게 향하는 그의 뒷모습을 씁쓸하게 바라봤다. 관광을 마치고 나를 기다리고 있던 택시로 돌아가니 기사는 약속보다 높은 금액의 팁을 노골적으로 요구했고, 심지어 그가 숙소로 돌아가는 길을 잃어 예정보다 훨씬 늦게 숙소에 도착했다. 관광을 다녀왔지만 어쩐지 강도 높은 체력 훈련을 받은 것처럼 몸이 녹초가 된 날이었다.

그동안 해외에서 택시를 타고 기사나 동승자와 대화를 나누다 보면 잘 알지 못하는 그 도시에 대한 인상이 정해지는 것을 느꼈다. 유쾌하고 따뜻한 기사와 이야기를 나눈 뒤 택시에서 내릴 때면 마치 그 도시의 오래된 박물관을 둘러보고 나온 것처럼 벅차고 든든했다. 반면에 무례한 질문을 하거나 어떻게든 사기를 치려는 기사와 만나게 되는 날은 택시 안이 바깥의 비포장도로보다 불편하고 위험하게 느껴졌다. 해외에서 택시라는 교통수단은 모든 것이 낯설고 불안한 여행자가 잠시나마 마음 놓고 기댈 수 있는 쉼터와도 같다. 그 휴식에서 온전히 회복되거나 오히려 휴식이 악몽이 될 수도 있다는 것을 생각하면, 어떤 기사나 동승자를 만나게 되는 것 또한 여행에서의 중요한 변수라고 믿어 의심치 않는다.

그렇다면 한국을 찾은 외국인 여행자들에게 한국의 택시 기사는 어떤 존재일까. 낯선 나라에 도착해 가장 먼저 출입하게 되는 타인의 공간이 있다면 그것은 바로 택시일 가능성이 높다. 게다가 지하철이나 버스 대신 굳이 택시를 선택하는 나 같은 길치에게 택시 기사란 내가 그랬던 것처럼 그 나라와 도시의 첫인상이자 무작정 믿어보고 싶은 유일한 사람이다. 하지만 일부 택시들의 외국인을 상대로 한 요금 사기가 이뤄진다는 기사를 어렵지 않게 접할 때마다 괜히 나는 내게 다정했던 베트남 택시 기사가 떠오른다. 물론 요금 사기를 당했던 기억도 떠오르지만 오히려 따뜻한 기억이 불쾌한 기억을 압도한다.

내가 길치가 아니었다면 해외에서 택시를 타는 일이 많진 않았을 것이다. 그랬더라면 지하철이나 버스에서 더 많은 현지인을 만날 수 있었겠지만, 과연 수줍음 많은 내가 그들과 자유롭게 대화를 나눌 수 있었을까. 어쩌면 택시는 가장 사적이면서도 누구에게나 열려있는 공간이기 때문에 나처럼 조용한 성격을 가진 이방인도 그 공간 안에서만큼은 잠시나마 유대를 이룰 수 있었던 게 아닐까. 그런 이유인지 여행이 끝나도 그들은 여전히 내 기억 속에 남아있다. 옆자리에 함께 앉아 끊임없이 내게 대화를 건네던 호기심 가득한 얼굴로. 길치라서 불편한 점이 대부분이지만, 길치라서 다행인 일이 있다면 장면을 최대한 깊이 새긴다는 것이다. 길을 잃지 않기 위해서, 순간을 놓치지 않기 위해서.

길치는 타고나는 것이니 그렇다면 나는 앞으로도 곳곳의 소중한 장면들을 누구보다 마음속에 오랫동안 간직하며 살아갈 운명인 걸까. 그렇다면 이런 단점 정도는 마다할 이유가 없다.

첫눈처럼 떠오르는

　첫눈이 내리고 있었어. 밤새 쉬지 않고 내렸는지 창밖은 이미 설국이었지. 가만히 흩날리는 눈발을 바라보다 문득 오 년 전 모스크바에서의 풍경들을 꺼내게 된 거야. 영하 삼십 도까지 기온이 떨어진다는 건 영화 속에나 등장하는 연출이거나 러시아의 자부심 섞인 텃세라고만 믿었는데, 외출하자마자 곧장 겸손해졌던 기억이 난다. 러시아 사람들이 괜히 휴대용 병에 위스키를 담아 수시로 마시는 게 아니었다는 걸, 칼바람에 얼굴이 붉고 허옇게 부르튼 다음에야 깨닫게 되었지. 털모자와 장갑도 없이 처음 겪어보는 극한의 날씨를 향해 한 걸음씩 걸어 나갔어.

　우리가 무사히 붉은 광장에 도착했을 때였어. 이름처럼 온통 붉은 벽돌로 이뤄진 건물들 사이로, 꼭대기에 양파 몇 개를 위태롭게 쌓아둔 모양의 '크렘린 궁'이 모습을 드러냈지. 알록달록한 외관에 새하얗게 흩날리는 눈발이 덧씌워지니 황홀하다 못해 의구심이 들었어. 디즈니 만화에나 나올 법한 장면이었거든. 그렇게 한참 넋을 놓고 바라보는 동안 어느새 외투에도 눈이 소복하게 쌓여 있었어. 손으로 털어내려다가 그 순간 믿을 수 없는 보석을 발견하게 되었지. 어릴 적 과학 교재에서 봤던 눈의 결정체를 기억하니. 육각형에 눈꽃이 피어있던 그 모습 말이야. 그런데 실제로 내 외투에 수많은 눈꽃이 그 모습 그대로 쌓여있던 거야. 눈이라는 물질이 겨울 나라에서는 결정체 그대로를 간직한 채 내린다는 걸 알게 되니 추위도 잠시 달아나는 것 같았어.

어떻게든 그 신비로운 모습을 담고 싶은 마음에 연신 사진을 찍어봤지만, 담기는 건 붉은 광장의 벽돌처럼 붉게 튼 우리들의 모습뿐 그날의 분위기를 담을 수는 없었지. 이곳의 그 어떤 것도 담아갈 수 없으니 지금의 풍경을 만끽하라고, 러시아의 자부심이 말하는 듯했어. 혹한도 잊은 채 거리 곳곳을 걸었고, 태어나서 처음 눈을 만나본 아이들처럼 순수한 웃음을 지을 수 있었지. 아름다움이 날씨를 견딜 수 있게 한 걸까. 그렇게 꽁꽁 언 손의 감각이 둔해져 카메라 셔터조차 누를 수 없게 됐을 때쯤 카페에 들어가 따뜻한 차를 마셨어. 김이 모락모락 올라오는 찻잔을 두 손으로 감싼 채 창밖의 눈 내리는 풍경에 빠져들기도 했었는데 말이야.

그때는 말 그대로 좋은 시절이었고 열망도 가득했었지. 직장 생활도, 모스크바도, 여러 사람과의 관계도, 모든 게 처음이었으니까. 처음이었던 만큼 의욕도 충만했으니까. 육 년이라는 세월은 얼마나 긴 시간일까. 영원처럼 길게 느껴질 수도 있겠지만, 순간처럼 찰나이기도 할 거야. 영원이기도 순간이기도 한 세월 앞에서 버틸 수 있는 것들은 생각보다 많지 않은 것 같아. 기억 또한 사진이나 메모가 없었더라면 지금보다 훨씬 흐릿해졌을 테지. 그때의 시절도, 사람들도, 우리들의 추억도, 별일 없이 잘 살아가고 있겠지.

잃어가는 게 많은 요즘 같은 때 유난히 그때와 그날의 풍경이 더욱 그리워지는 건 어쩔 수 없나 봐.

무지개 너머

이곳은 오클랜드의 숙소이다.

알람을 맞춰둔 시간보다 일찍 나를 깨운 것은 창문을 두드리는 빗소리였다. 졸린 눈을 비비며 창문을 열어 보니 빗줄기가 기다렸다는 듯이 안으로 튀어들어 왔다. 빗물이 얼굴에 닿자 잠들었던 감각이 화들짝 놀라며 깨어났다. 가로등 불빛이 거센 빗줄기를 비춰 주고 있었다. 새벽 내내 생각보다 많은 비가 내리고 있었다.

탁상시계는 아침 여섯 시를 가리키고 있었다. 오클랜드의 시간은 한국보다 네 시간이 앞섰다. 한국 시간으로 새벽 두 시에 깨어났다는 생각을 하니 어쩐지 더욱 몽롱해지는 듯했다. 조금 더 눈을 붙여볼까 했지만 두 시간 뒤면 숙소 로비에서 모여야 하는 픽업 시간이었다. 고민하다 안 되겠다 싶어 이내 몽롱한 기운으로 욕실로 들어가 채비를 했다.

로비에는 이미 몇몇 승무원이 나와 있었다. 모두 근사한 유니폼을 입고 있었지만 어딘가 누군가의 방해로 단잠에서 깨어난 어린아이들 같은 모습이었다. 얼굴에 베개를 대어주면 금방이라도 다시 잠에 빠져들 것 같은. 우리는 잠긴 목소리로 대화를 나눴다. 누군가는 나처럼 빗소리에 일찍 잠에서 깨어났고, 누군가는 연인과의 전화 통화로 밤을 지새웠다고 했다. 숙면도 불면도 결국은 각자의 상황이 만들어내는 것이었다.

열다섯 명의 승무원이 함께 셔틀버스를 타고 공항으로 향했다. 다행히도 새벽 내내 내리던 비는 그친 상태였다. 공항까지의 거리가 가깝지 않아 마음만 먹으면 좌석에 기대 잠들 수도 있을 테지만 어쩐지 그럴 수 없었다. 오늘은 비행기가 만석이었고, 비행 정보를 보니 신경을 써야만 하는 부분들이 많다는 점이 부담스러운 탓이었을까. 주변에 앉아 있는 동료들 역시 뜬 눈이었다. 그때 누군가의 명랑한 목소리가 들렸다.

"저기 좀 보세요. 무지개가 떴어요."

그 목소리에 각자의 업무와 생각에 빠져있던 모두가 일제히 같은 곳을 바라봤다. 그녀의 말처럼 창밖 저 멀리 하늘에 무지개가 걸려있었다. 그것도 아주 커다랗고 선명한 색으로. 새벽 내내 쏟아지던 비가 그치기만을 기다렸다는 듯이. 고요 속에 있던 우리는 저마다 휴대폰 카메라로 무지개를 담기 시작했다. 조금 전까지만 해도 잠에서 덜 깬 얼굴들이었는데 이국의 무지개 앞에서는 생기 가득한 파릇한 식물들 같았다. 고된 업무를 앞둔 우리에게 오클랜드의 자연이 주는 작별 선물처럼 여겨졌다.

하지만 그토록 선명했던 무지개도 달리는 셔틀버스가 몸을 틀자 서서히 옅어져 갔다. 그렇게 더는 무지개가 보이지 않을 때까지 다들 아쉬운 마음에 끝까지 카메라를 내려놓지 못했다. 아름다운 장면은 왜 그렇게 서둘러 사라지고 마는 걸까. 그러나 무지개를 지나온 우리는 조금 전과는 비슷하지만 또 다른 기분이 되어있었다. 누구의 표정도 심각하지 않았고 비행기에서의 고된 업무도 별것 아닌 것처럼 여겨졌다. 공항까지는 아직 먼 거리를 달려야 했지만 어쩐지 홀가분한 기분이었다.

이런 마음이라면 오늘을 살아내기에 충분하지 않을까. 이국의 하늘에 걸려있던 무지개 너머를 상상하며 공항으로 향했다.

거울 같은 당신에게

 비행기가 착륙하고 승객들이 모두 내리면 기다렸다는 듯 서둘러 탑승하는 사람들이 있다. 바로 지상 조업원 이모님들이다. 그들은 무리를 지어 청소도구와 교체할 소모품을 들고 신속하게 기내의 곳곳으로 흩어져 놀라운 속도와 솜씨로 재정비를 끝낸다. 장거리 비행을 다녀와 이미 넘쳐버린 쓰레기통도, 더는 사용할 수 없을 것 같은 화장실도, 승객들이 머물다간 기내의 복도도, 그들이 다녀가면 말끔하게 새것처럼 광이 난다. 어떻게 그토록 짧은 시간 내에 이 많은 일을 다 해낼 수 있을까. 그런데 승무원도 승객이 탑승하기 전 그 짧은 시간 내에 안전과 서비스에 관련된 모든 준비를 마치는 걸 보면, 우리처럼 그들에게도 밖에서는 알 수 없는 그들만의 규칙이 있을 것이고, 철저한 업무 분담이 있을 것이다.

 그래서 이모님들이 일하는 모습을 멀리서 바라보고 있으면 역시나 그곳에도 관리자가 있고, 선배가 있으며,

갓 들어온 신입이 있다는 것을 알게 된다. 성격이 유별난 관리자가 있을 때는 그들은 모두 웃음을 잃고 청소보다는 어떻게 해야 관리자에게 잔소리를 듣지 않을까 신경을 쓰는 듯했고, 편안한 관리자가 있을 때는 일의 속도는 느려질지 몰라도 서로 즐겁게 일을 마치는 것처럼 보였다. 가끔은 다음 비행을 떠나는 승무원들이 그들의 청소 작업 도중에 탑승하며 서로의 업무가 겹칠 때가 많다. 그런데 이따금 승무원이 옆에 있어도 어떤 관리자는 조업원 이모님에게 도대체 왜 그렇게밖에 일을 못 하느냐고 큰 소리로 화를 내기도 하고, 일이 끝날 때까지 지속적으로 핀잔을 주기도 한다.

그때마다 나는 옆에 있기에 민망하고 엄마뻘인 그들이 젊은 관리자에게 연신 고개를 숙이는 모습을 지켜보기도 힘든 탓에 자리를 뜨게 된다. 잠시 후 저만치 멀리서 바라보면 그 조업원 이모님이 남몰래 눈시울을 붉힐 때도 있고, 주변의 동료들이 어깨를 다독여주며 괜찮다고 위로를 해주는 모습을 보게 될 때도 있다.

그런 모습을 지켜보다 보면 괜히 엄마라는 존재에 대한 생각이 떠나질 않는다. 낮에는 이렇게 고된 일을 하다가도 퇴근 후 집에 돌아가면 일터에서 무슨 일이 있었든 누군가의 아내이자, 또 누군가의 엄마로서 꿋꿋하게 삶을 살아간다는 것 자체로도 모두에게 박수받아 마땅한 일이 아닐까.

기내 조업이라는 것이 간단할 것 같지만 정말로 고된 업무이다. 사람이 머물다간 자리에는 사람의 흔적이 가득하다. 떠나간 누군가의 흔적을 지우고, 새로 찾아올 누군가를 위해 장소를 말끔히 정돈하는 일은 대면 서비스의 토대가 된다. 그들이 승객 탑승 이전까지 작업을 끝내기 위해 전쟁을 치르듯 분주한 모습을 보면, 자동차 경주에서 자동차가 차고로 들어올 때 베테랑 정비사들이 달려들어 순식간에 정비를 끝내는 장면이 떠오른다. 그들도 제한 시간을 지키기 위해 무수한 연습과 실수를 반복했을 것이다. 그러면서도 승무원을 볼 때마다 밝게 웃으며 인사해 주는 모습에 괜히 마음이 뭉클해진다. 아무리 울적한 날일지라도 그들에게만큼은 최대한 밝은 모습으로 인사를 건네려 노력하는 이유이기도 하다.

언젠가 조업원 이모님들이 여러 가지 이유로 파업을 한 적이 있다. 그들이 사라지니 비행기는 위생과는 거리가 먼 상태가 지속되었고, 그것과 관련된 승객의 불만도 놀랄 정도로 늘어났다. 급기야 임시로 아르바이트생들이 채용되어 기내 청소를 대행하게 되었지만, 인력 수도 적을뿐더러 업무에 숙련되지 않은 탓에 기내 곳곳의 청소 상태가 미흡했다. 그래서 그때는 정시탑승을 위해서라도 승무원 또한 그들과 함께 청소 작업을 마무리하곤 했다. 이모님들이 작업하던 모습을 떠올리며 똑같이 따라 해봤지만 결과는 어설플 따름이었다. 아무리 힘을 합쳐봐도 우리끼리는 역부족이었던 것이다. 시간이 흘러 파업을 끝낸 이모님들이 돌아왔을 때 비로소 기내는 원래의 모습을 되찾았고, 우리에게도 마음의 여유가 돌아왔다. 이모님들의 빈자리는 생각보다 커다랬다.

존재가 부재가 되었을 때만 소중함을 깨닫는 것, 그것은 늘 반복되는 실수이자 그때마다 후회하는 미숙한 태도가 아닐까. 그럼에도 함께일 때는 여전히 모른다. 우리가 서로에게 얼마나 소중하고 필요한 사람이었는지를. 우리가 밝게 다가가면 그들은 더욱 밝아졌고, 그들이 다정하게 다가오면 우리도 진짜의 미소를 전할 수 있었다. 맡은 일은 다를지라도 비행기라는 같은 공간에서 일하는 우리는 서로를 비추는 거울이었다.

승객과 승무원마저 빠져나간 기내에 남아 또 다른 출발을 위해 작업을 시작하는 거울 같은 당신들의 건강을 빈다.

로드킬

비 내리는 발리의 밤이다.

호텔로 가는 셔틀버스 안 창문으로 달려드는 빗줄기 사이로 거리에 누워있는 사람들이 보인다. 그들 주위로 주인 없는 개들이 배회한다. 먹을 것을 찾아 차도로 뛰어들기도 하면서.

갑자기 귓가를 때리는 동료들의 비명과 함께 버스에 둔탁한 물체가 부딪치는 소리가 들렸다. 돌아보니 도로에 개 한 마리가 쓰러져 있었다. 버스는 흔들림 없이 달려갔지만.

나는 분명히 보았다. 버스 기사의 눈망울에 가냘픈 달이 떠 있는 것을, 핸들을 잡은 두 손에 그림자가 지는 것을.

속도를 줄일 수 없었을 것이다. 개를 치고 달리지 않으면 사고가 나는 흔해빠진 일이었을 것이다. 그는 아직 익숙해지지 않았던 것이다

지키기 위해 삼켜내는 일. 저울에 올려두고 순서를 정하는 일. 눈을 감고 치고 달려야만 했던 지나온 밤거리의 풍경 같은 것들.

그의 눈에 깃든 달이 기운다.
그러면 아무 일도 없었던 밤이다.

입장의 차이

 발리 공항에 도착해 게이트를 빠져나오니 자정이 넘은 시각이었다. 그날따라 유별나게 습한 날씨에 입고 있던 유니폼이 피부에 바짝 달라붙었다. 꽉 조인 넥타이와 긴 바지에 땀과 습기가 뒤엉켜 걸을 때마다 우물로 들어서는 느낌이었다. 잦은 방문에도 동남아의 습한 날씨는 도무지 익숙해지지 않았다. 하필이면 숙소로 가는 셔틀버스까지 에어컨이 시원찮은 상태였다. 나는 좌석에 끈적하게 앉아 버스가 서둘러 숙소에 도착하기만을 바랐다.

 그런데 숙소에 도착하니 믿을 수 없는 일이 기다리고 있었다. 숙소 직원이 말하길 아직 방 청소가 끝나지 않아 잠시 로비에서 기다려야 한다고 했다. 열 명이 넘던 우리는 단체로 한숨을 뱉으며 로비 한구석에 앉아 있을 수밖에 없었다. 당장에라도 욕실에 들어가 뜨거운 물이 쏟아지는 샤워기 아래로 몸을 던져넣고 싶은 생각뿐이었다. 잠시 뒤 숙소 직원이 청소가 끝난 방부터 한 명씩 키를 나눠주기 시작했는데, 내 이름이 서둘러 호명되지 않는 상황이 원망스럽게 느껴졌다.

 드디어 내 차례가 돌아와 재빨리 키를 받아 방으로 들어왔다. 이제야 비로소 나만의 독립된 공간에 들어선 것이다. 시선으로부터 해방. 유니폼을 아무렇게나 벗어 던지고, 짐도 동선에 방해가 되지 않을 만큼만 구석으로 밀어뒀다. 이상하게도 숙소에만 오면 평소보다 훨씬 너저분하게 생활하게 되는데, 아무래도 내 집이 아니고 누군가 하루에 한 번씩 청소를 해준다는 핑계 때문일까. 아무렴, 쓸데없는 생각의 겨를도 없이 욕실로 뛰어 들어가 몸을 정화했다.

 역시나 따뜻한 목욕처럼 하루의 끝을 말끔히 보상해주는 일도 없다. 노동의 피로와 소란스러운 마음도 몸을 씻으면 자연스레 차분해지곤 한다. 이제 젖은 머리카락만 말리면 침대에 몸을 뉘일 수 있다는 생각을 하니 벌써부터 기분 좋은 나른함이 찾아오기 시작했다.
 그런데 헤어드라이어의 버튼을 아무리 눌러봐도 작동되지 않았다. 콘센트가 잘못됐나 싶어 다른 곳에 끼워봤지만 마찬가지였다. 아, 설마 이것마저 고장이 났단 말인가.

밀려오던 나른함이 갑자기 불쾌하게 느껴졌다. 프런트에 전화를 걸었더니 새로운 헤어드라이어를 금방 가져다준다고 했다. 그런데 이십여 분이 흘러도 호텔 직원은 오지 않았다. 속 깊은 곳에서부터 뭔가 끓어오르기 시작했다. 오늘 기내에서 별다른 일도 없었지만 기분이 이토록 쉽게 날카로워지는 건, 아마도 발리의 습한 날씨와 자질구레하게 겹치는 상황들 탓에 불쾌지수가 높아졌을 뿐이라고 믿었다. 직접 프런트에 내려갈까도 생각했지만 이런 일로 잠들기 전 휴식을 망치기도 싫었다.

평소라면 충분히 여유롭게 기다릴 수 있는 시간을 그날 밤은 도저히 기다릴 수 없었다. 아무래도 직접 내려가서 받아와야겠다는 생각이 들어 잠옷을 벗고 평상복으로 갈아입은 순간이었다. 누군가 초인종을 눌렀다. 아, 이제야 왔구나. 화가 치밀어 방문을 벌컥 열었을 때 그 앞에 호텔 직원이 웃으며 새 헤어드라이어를 건네고 있었다. 그는 늦어서 미안하다고 했지만, 나는 그 말을 듣지도 않고 왜 이렇게 늦었느냐고 쏘아붙이며 물건만 받아 들고 문을 쾅 닫아버렸다. 아무래도 내 안의 괴물이 깨어난 것 같았다.

그가 가져다준 헤어드라이어로 신경질적으로 머리를 말렸다. 침대에 누웠지만 잠은 이미 달아난 뒤였다.

어쩐지 나도 모르게 그를 쏘아붙이던 그 장면이 머릿속에서 떠나질 않았다. 무슨 말을 했던 것인지도 정확하게 기억나지 않았다. 숙소에서 서비스 제공에 이십여 분 정도가 걸리는 일은 흔한 일이었다. 그만큼 붐비는 시간대였고 투숙객들도 많았을 테니까. 그는 평소처럼 자신의 일을 했을 뿐인데 웬 외국인 투숙객에게 봉변을 당한 것이나 다름없었다. 눈을 감고 있어도 당황한 표정으로 문앞에 서 있던 그의 얼굴이 자꾸만 떠올랐다.

승무원으로 일하며 가장 속상할 때는 영문도 모른 채 승객의 숱한 감정을 받아내던 순간이었다. 만약 내가 업무적으로 실수한 게 있다면 진심으로 사과하는 것이 당연한 일이지만, 혹여나 그렇지 않은 상황에서도 현실적으로 먼저 사과를 할 수밖에 없는 입장의 비애를 누구보다 잘 알고 있었다. 그런 날이면 밤이 유난히 어둡고 길었다. 지금의 그 또한 누구보다 캄캄한 밤을 뒤척이고 있을 것이라는 생각에 마음이 불편했다. 그동안 많은 사람을 상대하며 내 안의 예민한 괴물을 적당히 길들인 줄 알았지만, 역시나 나는 탁월한 조련사가 될 수 없는 걸까.

우리는 둘 다 대면 서비스가 주된 업무인 사람들이었다. 그도 물론 내가 승무원이라는 사실을 투숙객 정보를 통해 알고 있었을 것이다. 그래서 한편으로는 동질감을 느끼고 있었을지도 모를 일이다. 미안하다 말하면 누구보다 흔쾌히 이해해 줄 것이라 생각했을 것이다. 우리끼리는 이 정도의 사소한 일 정도는 웃으며 넘어갈 수 있을 것이라고. 그런데 승무원에서 투숙객으로 입장 하나 바뀌었을 뿐인데도 내 생각과 감정이 이렇게 달라질 줄이야. 하물며 수많은 사람과의 관계에서 나는 얼마나 제멋대로 입장을 바꿔가며 살아왔을까.

비행기에서 나는 승객에게 어떤 승무원이었는지, 식당에서 나는 종업원에게 어떤 손님이었는지, 가족이나 친구에게 또는 연인에게 나는 어떤 사람이었는지, 생각들이 꼬리를 물고 이어졌다. 나 자신을 스스로 늘 한결같은 사람이라고 믿어왔지만, 알고 보니 그들 앞의 나는 셀 수 없이 많은 모습이었다. 상황마다 각각의 입장이 있었고, 그 입장들은 조금도 물러설 생각이 없었다. 나는 불변하는 하나의 완벽한 세계를 구축한 것처럼 오만하게 살아온 걸까.

아침이 밝아오면 그에게 먼저 미안하다는 말을 건네야겠다는 부끄러운 다짐으로 밤을 뒤척였다. 뒤늦은 행동으로 섣불리 뱉어낸 말들을 주워 담을 수는 없겠지만, 기내에서 일하며 말 한마디의 힘에 대해 절감하고 있는 내가 사과를 더 미루면 안 될 것 같았다. 과연 그가 내 사과를 흔쾌히 받아줄지는 모르겠지만, 내일 아침 가장 먼저 해야 할 일은 분명해졌다. 나라는 사람의 복잡함은 어디를 가나 말썽이다. 발리의 밤도 한국과 다를 건 없었다.

운이 다하는 날까지

처음 일을 그만두고 싶다는 충동이 든 적이 있었다. 그날은 엄마가 세상을 떠나던 날이었다. 엄마의 임종을 지킬 수 있었던 건 순전히 직감 덕분이었다. 불길한 예감이 들어 회사에 연락을 취해 비행 스케줄을 취소한 뒤 서둘러 본가로 향했고, 그날 밤 '일'이 있었다. 예정대로라면 그날 나는 뉴욕행 비행기를 탔어야 했다. 만약 그랬더라면 아무것도 모른 채 착륙 후에야 비보를 듣게 되었을 것이다. 바로 한국으로 돌아온대도 시간은 황망히 지나간 뒤였을 것이고, 상주도 없는 그곳에서 아빠 혼자서 모든 걸 감당하고 있었을 것이다.

말 그대로 운이 따라준 날이었다. 엄마의 상실 앞에서 운이라는 단어가 적합할지 모르겠지만 그날 엄마 곁을 지킬 수 있었던 것은 천운이 아니라면 불가능한 일이었다. 늘 건강이 좋지 못한 엄마를 바라보며 미래를 걱정하곤 했다. 혹시나 내가 멀리 떠났을 때 엄마에게 일이 생긴다면, 그럴 때 내가 곧장 돌아올 수 없는 곳이라면, 모든 게 지나간 뒤에 한국으로 돌아온다면, 생각만 해도 세상이 무너지는 것 같았다. 일이 생긴다면 부디 내가 한국에 있는 날을 선택해 달라는 기도를 누군가 들어준 것일까.

누군가의 곁을 지켜야만 하는 순간에도 자리를 비우는 일. 그것이 나의 직업이 가진 가장 취약한 약점이었다. 한 번 따라준 운에 미래의 일들까지 기대볼 수는 없었다. 이제는 하나뿐인 가족과, 미래의 가족이 될 사람과, 오랜 시간을 함께한 소중한 친구들, 사랑하는 사람들은 이렇게나 많다. 그들의 행복과 슬픔에 함께할 수 없다 하여 비행을 그만둘 생각을 한다는 것은 분명 나약한 마음일 것이다. 그렇지만 나는 상실 앞에서는 늘 나약한 사람으로 살고 싶다.

만약 일을 그만둘 때를 대비해 대안을 마련해야 했다. 글만 쓰고 살아가기란 현실적으로 불가능한 일이니 다른 밥벌이가 필요할 것이다. 하지만 내게는 직업을 선택할 수 있는 특출난 능력이 없었다. 승무원이 되지 않았다면 나는 글만 쓰다가 점점 더 과민해져 결국 선인장 같은 사람이 되지 않았을까. 많은 사람을 상대하는 일이 나를 적당히 사회적 인간으로 변화시켰다는 건 부정할 수 없었다. 애증의 직업일지라도 일 자체의 소중함까지 모르진 않았다. 나를 뒤흔든 것은 내일을 알 수 없는 스케줄 근무의 불규칙성과, 사랑하는 이의 상실 곁에 내가 부재할지도 모른다는 불확실성이 혼재된 슬픔이었다.

사람이라면 누구나 가족의 상실을 겪게 되고, 그 끝에는 자신의 상실도 있을 것이다. 상실은 늘 주변에 있지만 나와 관련 없는 상실은 불편한 뉴스처럼 들리기도 한다. 하지만 막상 나의 슬픔이 되었을 때는 삶의 전부를 던져서라도 슬픔을 막아내고 싶다. 그럼에도 삶은 생각보다 지독해서 쉽게 생업을 포기할 수 없고, 이 고민을 멈출 수 있는 순간도 찾아오지 않을 것이다. 지금은 오직 망각의 힘에 무작정 의지하고 싶다.

내게 몇 번의 운이 남아있을진 모르지만, 그 운으로 사랑하는 이의 마지막 곁을 지켜내고 싶다.

사람만이 가능한 일

　한 아주머니 승객이 있었다. 여름 성수기의 로스앤젤레스로 향하는 비행기였다. 그곳을 시작으로 패키지 여행 코스가 시작되는 관광 상품들이 많았던 까닭에 로스엔젤레스행 비행기는 늘 만석이었다. 그날은 모임에서 단체로 여행을 떠나는 승객들이 많았다. 그래서 좌석 몇 열 정도에 연이어 앉은 사람들이 다들 서로 친숙해 보였다. 그 아주머니도 일행 중 한 사람이었다. 그런데 그녀는 일행들과 멀리 떨어진 좌석에 홀로 앉아 있었다. 다른 일행들이 서로 이야기를 나누거나 간식을 나눠 먹을 때 그녀는 멀리서 그 모습을 가만히 바라보고 있었다.

　식사가 끝나고 입국에 필요한 서류를 나눠주며 그녀에게 어떻게 홀로 떨어지게 되었는지 물었다. 그녀는 우연히 좌석 배정이 그렇게 된 것 같다고 말했다. 괜찮다면 일행들 곁에 앉을 수 있도록 다른 승객과 좌석 변경이 가능한지 알아보겠다고 했을 때 그녀는 잠시 고민하다 괜찮다며 고개를 저었다. 혼자가 편하다는 말과 함께. 하지만 말과는 달리 그녀의 눈길은 여전히 일행들에게 머물러 있었다. 다가가고 싶지만 망설이고 있는 걸까. 혼자만의 상상은 그만두기로 했다.

시간이 흐르고 그녀 곁을 지나가는 길이었다. 불 꺼진 기내에서 많은 승객이 잠을 청하고 있을 때였다. 그런데 그녀는 테이블에 아직 작성하지 않은 서류를 올려둔 채 주변을 두리번거리고 있었다. 혹시나 하는 마음에 살며시 물어보았다.

"서류 작성을 도와드릴까요?"
"비행기를 처음 타봐서… 눈도 어둡고. 그럼 부탁할게요".

그녀는 굉장히 미안한 기색으로 내게 서류를 내밀었다. 좌석 조명을 켜니 그녀가 이게 여기 있었구나 싶은 표정으로 조명을 바라봤다. 나는 그녀 곁에서 서류를 작성하기 시작했다. 빠른 작성을 위해 그녀에게 여권과 일정표를 건네받아서 꼼꼼하게 작성하던 중이었다. 그러다 그녀의 주민등록번호에 눈길이 머물렀다. 출생 연도가 엄마와 같았기 때문이다. 단순히 그녀가 엄마와 동갑내기라는 사실에 반가웠던 것은 아니었다. 엄마도 몸이 건강했다면 그녀처럼 친구들과 비행기를 타고 해외여행을 가볼 수도 있었을 텐데, 하는 아쉬움 때문이었다.

아들이 항공기 승무원이고, 직원 복지로 시중보다 훨씬 저렴하게 표를 구할 수 있는 입장이었지만, 엄마에게 해외여행이란 늘 꿈같은 이야기였다. 엄마를 두고 혼자 여행을 떠날 수 없다던 아빠에게도 마찬가지였다. 만약 엄마도 건강을 되찾아 해외여행을 떠날 수 있었더라면, 그녀처럼 처음 비행기를 타던 날이 되었을 것이고, 그녀처럼 모든 게 조심스러웠을 것이다. 일하는 승무원을 바라보며 '우리 아들도 저렇게 일할 텐데' 생각하며 미안한 마음에 물 한 잔 달라는 부탁도 어려워했을 게 분명하다. 물론 곁에서 아빠가 잘 챙겨줬겠지만.

이제 작성한 서류의 마지막 줄에 그녀의 서명만 받으면 되는 차례였다. 그리움이었을까. 나도 모르게 그녀를 이렇게 불렀다.

"어머니, 여기에 사인만 해주시면 됩니다."

특별할 것 없는 호칭이었다. 손님이라고 불러야 하는 게 맞지만 종종 내 마음은 벽을 넘지 못하고 미끄러졌다. 그래서 부모님뻘 되는 친근하고 인자한 어르신 손님을 어머님이나 아버님이라고 부르게 될 때가 있다. 아마도 한국 특유의 정서에서 비롯된 호칭일 것이다. 하지만 그날 나는 그녀를 일부러 그렇게 불러보고 싶었는지도 모른다. 절대로 잃어버리면 안 된다고, 서류를 반으로 접어 그녀의 여권 사이에 꼭 끼워 놓았다. 고맙다며 연신 고개를 숙이는 그녀 앞에서 나는 어쩔 줄 몰라 자리를 뜨려던 참이었다.

"저기, 미안하지만 혹시 우리 일행들은 뭐 하고 있나요?"

불 꺼진 기내의 어둠 속에서 일행들이 자세히 보이지 않아 궁금했던 걸까. 홀로 떨어져 고독하지만 막상 자리를 바꿔주겠다는 말에는 거절하고야 마는 그 마음에 대해 나는 너무도 잘 알고 있었다. 엄마의 마음도 그러했으니까. 비행 내내 그녀의 시선과 마음은 일행을 향해 있었을 것이다. 나는 얼른 그녀의 일행들이 있는 곳에 다녀와 말했다.

"다들 식사하시더니 주무시는 것 같아요."
"그래요? 그럼 나도 이제 한숨 자야겠네."

무엇이 그렇게 신경 쓰였던 걸까. 그녀는 이제야 마

음이 놓이는 것처럼 보였다. 서류를 작성하느라 잠시 켜 뒀던 조명을 끄고 나는 자리를 떠났다.

    일이 고되다고 투정을 부리면서도 이곳을 떠나지 못하는 이유 중 하나는 사람들을 마주하며 생각지도 못했던 기억과 마음이 하나로 연결되는 그 순간을 잊을 수 없기 때문일 것이다. 연결된다는 것은 결국 나를 돌아보는 일이고, 서툴던 과거의 마음을 조금씩 정돈하는 일이 아닐까.
  오직 사람 사이에서, 사람만이 가능한 일, 먼 미래의 모든 일이 기계로 대체될지라도 최후까지 살아남을 사람의 일. 나는 그것의 연약하지만 끊이지 않는 힘을 믿는다.

    그녀의 여행이 무탈하기를 바랐다.

이대로도 괜찮은 걸까

승객들이 모두 잠든 시간. 승무원에게도 찰나의 휴식이 찾아온다. 잔업을 마친 상황이라면 서로 갤리에 모여 대화를 나눌 여유가 생기기도 한다. 언젠가 보스턴에서 돌아오는 비행이었다. 승객이 절반도 채 되지 않아 열네 시간에 가까운 비행이 끝도 없이 이어지던 날이었다. 교대로 기내를 둘러봐도 잠든 승객들의 숨소리만 들렸고, 화장실은 누구도 사용하지 않은 것처럼 청결했다. 아무리 찾아봐도 잔업이 없는 날도 있다는 점이 신기할 따름이었다.

때마침 승무원들이 하나둘 갤리로 모여들었다. 평소에 친분이 있는 동료라면 사적인 이야기를 나누며 아무런 서먹함이 없겠지만, 어색한 사이에서는 대화의 주제가 한정적일 수밖에 없다. 그럴 때는 자연스레 모두가 관심 있는 주제로 이야기가 흘러가기 마련이다. 그날의 주제는 다름 아닌 주식 투자였다. 아이러니하게도 코로

나19 시대의 경제 위기가 투자에는 다시 오지 않을 절호의 기회가 된 것 같았다. 한 마디로 주식 광풍이 불어닥친 시기였다.

갤리에 함께 모였던 이십 대 초반의 신입 승무원부터 노련한 중년의 승무원까지 누구도 주식 투자를 하지 않는 사람이 없었다. 오직 나만이 주식을 비롯한 그 어떤 금융상품에도 발을 담그지 않은 사람이었다. 다른 팀의 누구는 주식으로 대박이 나서 서울에 아파트 한 채를 장만했다고 했고, 다른 누구는 몰래 퇴사를 준비하고 있다고 했다. 모두가 주식으로 인생 역전을 하는 것 같았지만, 소문의 주인공을 실제로 알고 있는 사람은 아무도 없었다. 재테크에 무지하여 가만히 고개만 끄덕이고 있던 내게 누군가 물었다.

"요즘 같을 때 혼자만 주식을 하지 않으면 불안하지 않으세요?"

괜찮다고 말했지만 실은 괜찮지 않았다. 괜찮은 시절이 있었지만 이제는 괜찮으면 안 될 것 같았다. 불안하고 나만 뒤처지고 있다는 느낌에서 자유로울 수 없었다. 광풍이 불어올 때 모두가 달려가는 방향으로 함께 달려가지 않으니 혼자만 도태되는 느낌이 들었다. 어쩌다 글쓰기를 좋아하게 되어서 줄곧 글만 쓰다 보니 어느새 삼십 대 중반이 되었지만, 재테크에 대해서는 여전히 나와는 관련 없는 이야기처럼 들렸다. 친구가 몇 번씩이나 차를 바꾸고 집을 옮기는 동안 나만 혼자 평화로운 동화 속 세상에서 뛰어놀고 있었던 건 아닐까.

이대로도 괜찮은 걸까 소박하고 자유롭게 살고 싶지만 자꾸만 세상은 그건 어리석은 것이라 말한다. 금융 문맹이 되어서는 안 된다고, 가난하면 죄를 짓는 것이라고, 더 늦기 전에 씨앗을 심어야 한다고, 그렇지 않으면 남들을 따라갈 수 없다고.

한적한 숲에서 유유히 산책을 즐기고 있는 사람 옆으로 한 무리의 사람들이 전속력으로 뛰어간다. 산책자는 무슨 일이 있나 싶어 뒤를 돌아보지만 질주하는 사람들에 시야가 가려져 아무것도 볼 수 없다. 무슨 일이 있으니 뛰어가는 거겠지, 그럼 우선 나도 함께 뛰어봐야 할까. 산책자는 깊은 고민에 빠지고 만다.

삶의 목표에 다른 사람이 있었던 적은 없었다. 경쟁을 회피하는 건 아니었지만, 목표나 기준 자체를 누군가를 뛰어넘는 것으로 삼았던 적은 없었다. 오직 계속해서 글을 쓸 수 있다면, 시간이 흐를수록 내 글이 과거보다 발전할 수만 있다면, 현실의 삶은 이 정도면 괜찮다고 믿었다. 하지만 이 정도 수준으로는 아무것도 할 수 없다고 말하는 사람들을 외면할 수도 없게 되었다. 그들의 말이 냉철한 현실이었고, 나도 현실에 발붙이고 살아가는 사람 중 한 명일 뿐이니까. 이제라도 산책을 그만두고 그들을 따라 뛰어가야 하는 걸까. 아니면 차라리 눈을 질끈 감고 익숙한 걸음과 감각에 의지한 채 묵묵히 산책을 이어가야 하는 걸까.

　어느덧 비행기 창밖의 구름 사이로 해가 떠오르고 있었다. 긴 비행시간만큼 생각도 길게 이어져 저 멀리 구름에라도 닿을 수 있을 것 같았다. 생각대로 살겠다는 소신을 지켜내기 위해 가장 절실한 것은 흔들리지 않는 정신과 인식일 텐데, 내게는 너무도 머나먼 태도였던 걸까.
　지켜왔던 삶의 지평이 흔들리고 뒤틀리는 순간들의 연속이다. 내가 꿈꾸던 삶은 어떤 모습이었던가. 어찌됐건 다시 일을 시작해야 할 시간이다. 무용한 상념들은 잠시 뒤로 미뤄두고 당면의 업무를 해결할 차례이다.

괴담

* 심약자 주의

승무원이 해외에서 체류하는 숙소마다 각각의 다양한 특성이 있다. 같은 회사의 직원이라면 일정 기간은 계약된 숙소에 머물게 되고, 머무는 동안만큼은 집처럼 사용해야 하는 중요한 장소이기에 직원들끼리 수많은 정보를 공유한다.

이를테면 N 숙소는 오래되고 낡은 대신 도시의 중심에 있어서 다양한 볼거리와 먹거리를 즐기기 편하고, 방마다 전자레인지가 비치되어 있어 인스턴트 음식을 쉽게 가열해 먹을 수 있고, 히터는 설치되어 있지만 소음이 심하며, 화장실 배수구에서는 때때로 바퀴벌레나 쥐가 올라올 수 있으니 항상 배수구를 막아야 한다는 은밀하지만 필수적인 정보 같은 것들이다. 그래야 미리 한국에서 짐을 꾸릴 때 필요한 물건을 챙겨가거나 마음의 대비를 할 수 있다.

승무원이 체류하는 숙소라 하면 고급 호텔을 떠올릴 수도 있겠지만, 실제로는 대부분 그렇지 않다. 동남아의 경우에는 상대적으로 물가가 저렴해 고급 호텔을 숙소로 사용하기도 하지만, 유럽이나 미주처럼 물가가 비싼 나라에서는 주로 공항 근처나 도심에서 멀리 떨어진 외곽의 합리적인 가격과 적당한 시설을 겸비한 숙소를 사용하게 될 때가 많다. 그런데 가끔은 너무 외진 곳에 위치한 숙소에 묵게 되는 때도 있는데, 그런 곳에는 누가 먼저 시작했는지는 모르겠지만 언제나 많은 승무원의 입을 타고 전해지는 괴담이 있다. 공식적으로 문서에 적혀있지는 않지만, 그곳으로 비행을 다녀온 승무원 사이에서 반드시 누군가가 먼저 이야기를 꺼내게 되는 그런 기묘한 괴담 말이다.

　　어느 장소나 오래되고 낡을수록, 게다가 자신에게 익숙하지 않을수록 음침하고 스산하게 느껴진다. 폐가가 완성되기 위한 조건을 생각해 보자. 폐가는 보통 도시와 멀리 떨어진 시골 마을에 있다. 누군가 홀로 살다 떠나간 집이 있고, 이후에 아무도 관리하지 않아 동네 사람들의 일탈이 벌어지는 장소. 이따금 무당이 굿을 한 흔적들이 발견되기도 하는 곳. 그런 곳에 거미줄이 쳐지고 버려진 짐승과 벌레들이 하나둘 거처로 삼기 시작한다. 그러다 누군가 그곳에 에피소드를 붙여 괴담을 만들어내면 그것으로 폐가는 완성된다.

물론 승무원의 숙소는 폐가와 비교할 수조차 없지만, 괴담이 만들어지는 기본적인 과정은 비슷하다. 고급 호텔에 머물다가 갑작스레 외진 곳의 낡은 숙소에 묵게 되면 모든 것이 낯설게 다가온다. 숙소의 입구에서부터 왠지 모르게 축축하게 느껴지는 카페트와, 담배 냄새가 배어있는 조명이 흐릿한 방과, 여닫을 때마다 유난히 삐걱거리는 옷장, 그리고 밤새도록 창가에 부딪히는 요란한 바람 소리. 그것으로 괴담이 시작되기 충분한 조건이 완성된다.

아래에 등장하는 도시와 호텔, 그리고 괴담의 내용은 사실과 다를 수 있다. 들려오는 괴담은 많지만 어떤 것이 원작인지 알 수 없으므로 도시와 숙소는 모두 가명 처리하기로 한다. 그중에서 익히 들어온 유명한 괴담 몇 가지만 이야기해 보자.

1. A 숙소

동남아 어느 곳에 위치한 A 숙소는 유난히 괴담이 많다. 도심과 그리 멀리 떨어지진 않았지만 객실의 구조와 가구들이 온통 목재로 만들어져 있고, 침대 또한 다르지 않았다. 그 침대는 네 개의 나무다리가 프레임과 매트리스를 받치는 구조여서 바닥에 널찍한 공간이 남았다. 늦은 밤 비행을 끝낸 승무원이 긴 복도를 지나 방에 들어섰다. 그녀는 당장 기절할 정도로 체력이 남아있지 않았지만, 그래도 최소한 목욕은 하자는 마음에 욕실로 몸을 이끌었다. 목욕을 하는 내내 밖에서 어렴풋이 고양이 울음소리가 들리는 듯했다. 평소에도 한밤중의 고양이 울음소리는 아기의 울음소리와 닮아서 어쩐지 섬뜩하게 느껴지곤 했다. 그녀는 물소리에 잘못 들었거나 숙소 밖 도둑고양이의 소리로 여긴 채 마침내 침대에 몸을 뉘었다. 그런데 고양이 울음소리는 그치지 않고 점점 더 가깝게 느껴졌다. 급기야 그녀는 침대 밑을 의심하기 시작했다.

설마 방으로 몰래 숨어든 도둑고양이라도 있다는 말일까. 궁금증을 참지 못한 그녀가 침대 밑을 들여다봤을 때 그녀와 눈이 마주친 건 고양이가 아닌 죽은 아이의 시신이었다. 순간 다리가 풀린 그녀는 사력을 다해 방을 빠져나와 숙소 직원에게 신고를 했다. 하지만 잠시 뒤 경찰이 방으로 찾아가 침대 밑을 들춰봤을 때 그곳에는 아무것도 없었다. 오히려 그 일로 그녀만 이상한 사람으로 몰렸다. 그 이후로 그녀가 묵었던 방은 귀신이 나오는 방이라는 소문이 돌았고, 그 방을 배정받은 다른 투숙객들도 그녀와 같은 것을 목격하기 시작했다.
　　결국 숙소에서는 차마 방을 완전히 폐쇄하진 못하고, 귀신을 쫓을 수 있도록 침대 밑에 성경을 놓아두는 것으로 마무리 지었다. 그래서 A 숙소에 묵게 될 때 가장 먼저 해야 하는 일은 침대 밑을 확인하는 일이 되었고, 혹시라도 그곳에 성경이 놓여 있다면 귀신이 나타나는 방이니 당장 다른 방으로 바꿔야 한다는 괴담이 되었다.

2. B 숙소

불교가 국교인 나라의 B 숙소에도 전해오는 괴담이 있다. 방으로 이어지는 복도 곳곳에 불상이 가부좌를 틀고 있었고, 숙소 전체가 향냄새로 가득해 머리가 아플 지경이었다. 방 안으로 들어왔다고 해서 다를 건 없었다. 향냄새가 문틈을 비집고 들어와 방안을 감쌌고, 구석마다 진열된 머리 불상 몇 개가 침대를 에워싸고 있는 듯한 모습이었다. 아마도 불교의 나라인 만큼 불상으로 객실을 장식했고, 그 불상들이 투숙객을 자비롭게 지켜준다는 믿음 같았다.

이 방에 들어선 그녀도 불상들이 어색하긴 마찬가지였다. 그녀가 알던 불상은 보통 눈을 감고 있는 모습이었지만, 방안의 불상들은 모두 눈을 뜬 채 알 수 없는 표정을 짓고 있었다. 불을 끄고 침대에 모로 누우면 측면 선반에 놓인 불상과 시선이 마주쳤다. 꺼림칙한 기분에 다른 쪽으로 자세를 고쳐잡아 봤지만, 그녀는 사방에 놓여있는 불상들의 시선에서 벗어날 수 없었다. 열 개가 넘는 눈동자들이 자신을 지켜보고 있다는 느낌에 그녀는 그대로 잠들 수 없었다.

급기야 침대에서 일어나 모든 불상의 머리를 벽 쪽으로 돌려놓으며 숫자를 세보았다. 아무리 불교 국가라지만 방안에 불상을 여덟 개씩이나 비치한다는 게 말이 되는가. 불상들의 시선에서 자유로워진 그녀는 그제야 서서히 잠에 빠져들었다. 잠결에 옆방에서 누군가 벽을 긁는 듯한 소리를 들은 것 같았지만, 그런 것에 신경 쓸 겨를도 없이 아침까지 깊은 잠에 빠져들었다. 다음 날 아침, 숙소에서 제공하는 조식을 챙기기 위해 서둘러 방에서 나갈 채비를 하던 그녀는 뭔가 기이한 느낌을 받았다. 방금 침대 바로 옆에 놓인 불상 하나와 시선이 마주친 것이었다. 어젯밤 그녀는 분명 방에 있는 모든 불상을 벽면으로 돌려놓지 않았던가.

아마도 잠결에 불상 하나를 미처 돌려놓지 못했다고 생각했다. 다시 한번 불상의 숫자를 손으로 가리키며 세보았지만 불상은 어제처럼 모두 여덟 개였다. 그렇다면 방금 그녀와 눈이 마주친 불상은 역시나 그녀가 숫자를 잘못 센 결과일까. 말도 안 된다는 걸 알지만 그녀는 동료들과 함께 조식을 먹으며 이야기를 털어놓았다. 동료들은 대수롭지 않게 말했다. 자신들의 방에는 불상이 하나씩만 놓여 있다고. 그렇다면 그녀의 방에 있던 그 많은 불상은 도대체 무엇의 존재를 막기 위함이었을까.

혹시나 어젯밤 잠결에 들었던 벽을 긁는 소리가 바로 그 불상이 스스로 돌아가던 소리였던 걸까. 불상들은 무엇을 바라보기 위해 모두 눈을 뜬 채 침대를 에워싸고 있던 걸까. 웃음인지 울음인지 알 수 없는 괴이한 표정으로.

3. 벙커

숙소는 아니지만 숙소처럼 쓰고 있는 공간이다. 비행기에는 승무원이 교대로 쉴 수 있는 공간이 숨겨져 있다. 모든 기종에 마련되어 있는 것은 아니지만 대부분 장거리 비행을 떠나는 대형기에는 필수적이다. 그곳에서 승무원들이 긴 비행시간 동안 두 시간씩이라도 번갈아 토막잠을 잔다. 그곳은 흔히 벙커라고 불린다. 벙커 안 좁은 공간에는 간이침대가 테트리스 블록을 쌓듯 효율적으로 설치되어 있다. 뒤바뀐 시차와 밤샘 비행에 체력 소모가 클수록 벙커는 존재만으로도 커다란 위안이 되었다.

신입 시절에는 벙커에 누워 이렇게 좁고 엔진 소리도 요란한 곳에서 어떻게 잠을 잘 수 있을지 의문을 품기도 했지만, 그 즉시 곯아떨어지는 바람에 벙커의 위대함에 대해 다시는 의문을 품지 않게 되었다. 보통은 시계 알람이 울리기도 전에 미리 깨어나 다시 업무에 복귀하지만, 가끔 알람을 잘못 맞춘다거나 알람을 듣지 못할 정도로 깊은 잠에 빠져 혼자만 뒤늦게 복귀해 여러 사람의 눈치를 보게 될 때도 있다.

하루는 그녀가 알람을 잘못 맞춰둔 탓에 모두가 떠난 벙커에서 혼자 잠들어 있었다. 다른 동료들은 다시 업무를 시작하면서도 아직 나타나지 않는 그녀를 크게 걱정하지 않았다. 때가 되면 스스로 나타날 것이었고, 혹시나 더 늦게 되면 두고두고 놀려댈 생각이었다. 그런데 그녀가 갑자기 벙커의 문을 박차고 뛰어나오는 것이었다. 구두도 신지 않은 맨발로 창백한 표정을 짓고 있었다.

장난을 치려던 동료들도 생각을 접고 그녀에게 다가갔다. 많이 늦지도 않았는데 뭘 그렇게 헐레벌떡 뛰어오느냐고. 그녀는 넋이 나간 표정으로 동료들을 빤히 쳐다보며 물었다. 혹시 방금 누가 나를 깨우러 벙커에 들어왔었느냐고. 하지만 그녀를 깨우러 간 사람은 아무도 없었다. 다들 식사 서비스 준비에 한창이었고 누군가 업무에 조금 늦게 복귀하는 일도 적지 않았으니까.

　　그녀의 말을 옮기자면 이랬다. 벙커에서 알람 소리가 울리는 줄도 모르고 깊은 잠에 빠져있던 그녀의 어깨를 누군가 다급하게 흔들었다. 눈을 떠보니 어딘가 낯선 모습의 승무원이었다. 대형기에서 스무 명이 넘는 승무원들과 일하다 보면 서로의 얼굴도 익히지 못할 때가 많았다. 낯선 동료가 깨우러 온 상황이라면 분명 늦잠을 잔 것이라 직감했다. 늦었다는 생각에 정신없이 옷을 여미며 자신을 깨워준 동료에게 얼른 같이 나가자는 말을 했다. 그런데 낯선 동료는 웃으며 엉뚱한 말만 했다. 나는 이곳에서 나갈 수 없다고.

　　그녀의 말을 끝까지 들은 최선임 선배가 놀란 표정으로 물었다. 혹시 깨워준 사람이 뭘 입고 있었느냐고. 잠결이라 정확하진 않지만 분명 우리의 유니폼과는 어딘지 모르게 조금 달라 보였다. 생각할수록 그것은 분명 팔십 년대 승무원들이 입었던 유니폼과 비슷한 모습이었다. 최선임 선배의 말에 따르면 오래전 이 비행기의 벙커에서 심장마비로 죽은 승무원이 있었다는 것이다. 그 이후로 귀신이 되어 지금도 벙커에서 가장 마지막까지 남아있는 승무원에게 다가가 말을 건다고 했다. 나가지 말고 자신과 같이 이곳에 있어 달라고. 그녀는 온몸에 끼치는 소름을 감출 수 없었다.

괴담은 약간의 사실과 적당한 허구로 탄생하고, 오싹한 재미와 나만 알고 있다는 억울함이 합쳐져 끊임없이 전달된다. 괴담으로 밤잠을 설친 만큼 다른 사람에게 전달할 때는 조금 더 무섭거나 조금 더 어설프게 각색된다. 괴담을 전해 들은 직후에는 유치해서 무덤덤하다가도 막상 해당 숙소에 도착하면 나도 모르게 침대 밑을 살펴보게 되고, 괜히 불상의 방향을 돌려두기도 하며, 벙커에서 잠을 자다가도 남들보다는 빨리 나가야 할 것 같은 마음에 조급해지기도 한다.

유치하면서도 왠지 섬뜩한 기분이 드는 게 바로 괴담의 묘미가 아닐까. 가끔은 이야기를 전해준 사람이 원망스러울 정도로 며칠 동안 괴담이 머릿속을 떠나지 않을 때도 있지만, 그럼에도 때때로 비행이 끝나고 방전된 몸과 마음에 불편한 긴장감을 되찾아준다는 점에서 괴담은 성능 좋은 전기충격기와도 같은 역할을 한다. 사람의 구전 능력이란 참으로 성실하면서도 허술하고, 매력적이면서도 얄미운 본능이다.

사람이 그리운 걸까

 운전을 하다 먼 하늘을 바라봤다. 하늘이 바다처럼 파랗던 날이었다. 비행기 한 대가 비행운을 그리며 날아가고 있었다. 아마도 이제 막 김포공항에서 이륙을 시작해 제주로 향하는 편수가 아닐까 싶었다. 코로나19 상황으로 일을 너무 오랫동안 쉰 탓일까. 늘 바라보던 익숙한 풍경이었지만 어쩐지 낯설게 느껴졌다. 날아가는 비행기 안 승무원과 승객들의 모습이 눈에 선했지만 나와는 관련 없는 일처럼 이질감이 들었다.

 순환 근무를 시작하고 반년 동안 비행 스케줄이 없었다. 반년을 기다리다 한 달을 일하고 다시 또 반년 동안의 휴식이 반복될 것이다. 그렇게 차차 코로나19 상황이 나아지면 쉬는 기간도 줄어들 것이고, 언젠가 다시 예전처럼 만석인 비행기로 하늘길이 가득 차게 될 것은 분명한 일이다. 하지만 기약할 수 없는 미래와 현재는 가느다란 실로 이어진 것처럼 연결이 위태롭다. 내일을 모르는 지금 먼 미래를 예측해 보는 것은 구름 속처럼 불투명하다.

쉬는 동안 대부분의 시간을 집에서 보내고 있다. 다른 활동을 해볼 수도 있겠지만 글을 쓰고 책이나 영화를 감상하는 일이 일상의 전부인 나로서는 특별한 약속을 제외하면 외출하는 일이 거의 없다. 집에 머무는 시간이 길어질수록 답답함을 느끼는 사람도 있지만 내게 집은 최상의 컨디션을 보장하는 안식의 장소이다. 온종일 아무런 말도 꺼내지 않아 목소리가 잠기는 일이 허다했어도 별반 대수롭지 않았다.

그런데 가끔 외출해 사람들을 만날 때마다 이상한 점을 느꼈다. 대화하다 문득문득 '내가 이렇게나 말이 많은 사람이었던가.' 하는 생각이 들어 흠칫 놀라게 되었다. 내가 알고 있던 나는 말수가 적은 대신 글을 많이 쓰는 사람이었다. 반면에 요즘의 나는 오히려 글은 적게 쓰고 말수는 많아진 것 같다. 늘 약속에 나가면 가장 먼저 말을 하기 시작해서 가장 마지막까지 말을 하는 사람이 된 것이다.

설마 내가 사람을 그리워하고 있었던 걸까. 날마다 저 하늘 위로 날아가는 비행기 안에서 사람에 둘러싸인 채 일을 했다. 사람에 지칠 때도 있었고 사람에 위안을 받을 때도 있었던 만큼 환멸과 희망이 늘 공존했다. 너무 가까이하기에는 두렵고, 그렇다고 멀리 두기에는 애틋한 사람의 존재. 휴업 기간이 길어질수록 마음이 정화된 탓인지 특정한 부류의 사람에 대한 환멸보다는 불특정한 다수의 사람을 향한 희망에 마음이 기울고 있다.

비행기가 서서히 시야에서 멀어졌다. 곧이어 또 다른 비행기 한 대가 모습을 드러냈다. 앞선 비행기의 희미해진 비행운을 따라서 자유롭지만 고독하게 하늘을 날고 있었다. 저 안에 하나의 세상이 있을 것이다. 익숙하지만 낯선 사람들이 서로의 곁을 채우고 있을 것이다.

그 사이를 거닐던 내 삶은 지금 어디쯤을 부유하고 있는 걸까. 승객들 틈 속의 내 모습이 좀처럼 기억나지 않던 아무 날의 하늘이었다.

아무도 모르게

 고국으로 돌아가는 길. 기내는 사람들로 울창한 숲이다. 빼곡하게 자리 잡은 나무들이 각자의 속도로 자라나고 있다.

 바람이 불면 나뭇잎이 흔들린다. 흘러가는 방향으로 비슷한 모습으로. 모두가 춤을 추고 있는 곳에도 흔들리지 않고 멎어있는 나무가 있다.

 그녀는 아무도 모르게 떨고 있었다. 바람을 견뎌내는 나무의 마음처럼.

 죽은 자를 만나러 가는 길이라고 했다. 오늘이 지나면 발인이 끝난다고 했다. 이미 늦었대도 멈출 수 없었을 것이다. 시간은 원망스러웠고 거리는 속절없었다.

 죽은 자는 알고 있을까. 당신의 빈자리를 마주하기 위해 속도를 초월하려는 마음이 있다는 것을. 바람을 견뎌내는 나무는 아무도 모르게 안으로 안으로 쓰러지고 있었다.

평화로운 폭력

시애틀의 이른 아침. 커튼 너머의 작은 정원은 이미 대낮의 풍경이었다. 긴 나무들의 그림자가 숙소 건물의 하얀 외벽에 문양을 남겼고, 이름 모를 이국의 꽃들이 정원을 가득 메우고 있었다. 하늘에는 아직 간밤의 달이 지워지지 않아 멀찌감치 떨어진 해와 마주 보고 있었다. 구름 한 점 없는 하늘에 해와 달이 공존하는 모습이라니 어쩐지 그림책에나 나올 법한 광경이었다. 창문을 반쯤 여니 정원의 나무에서 기분 좋은 새소리가 들려왔다. 무작정 걷고 싶은 평화로운 하루의 시작이었다.

어제는 숙소에 도착해 근처의 편의점에 다녀왔다. 평소와 같았다면 동료들과 함께 셔틀버스를 타고 멀리 떨어진 규모가 큰 마켓에 다녀왔을 테지만 다들 꺼리는 눈치였다. 미국 곳곳에서 동양인 혐오로 인한 폭행 사건이 심심치 않게 들려오는 요즘 같은 시기에는 나 역시도 마찬가지였다. 편의점에 가려면 작은 언덕을 올라야 했다. 어제도 오늘처럼 걷기 좋은 화사한 날씨였다. 거리에는 드물게 산책하는 사람들이 있었고, 그들은 나를 빤히 바라보며 지나갈 뿐 평소와 다름없었다. 안전한 숙소 주변인데 괜한 걱정을 했던 걸까.

횡단보도에서 신호등을 기다리는 중이었다. 지나가는 커다란 픽업트럭이 경적을 울렸고, 안에 있던 기사가 나를 노려보고 있었다. 아무래도 기분 탓이었을 것이다. 편의점에 도착해 문을 열려는 순간 안쪽에서 체구가 큰 미국인이 손수 문을 열어줬다. 고맙다고 말하려는 찰나 그가 내게 다가오더니 술에 취한 듯한 발음으로 말했다. 동양인이 왜 이곳에 있느냐고. 그를 잠시 살펴보니 이미 이성적인 대화가 가능한 상황이 아니었다. 가게를 그냥 나가자니 오히려 나를 쫓아올 것 같은 마음에 대수롭지 않은 태도로 물건을 둘러보기 시작했다.

하지만 그는 돌아서지 않고 내 뒤를 따라왔다. 알 수 없는 억양과 거친 손동작으로 계속해서 같은 말을 반복했다. 왜 이곳에 있느냐고. 왜 대답을 하지 않느냐고. 대화를 시도해 보려 해도, 나도 모르게 뉴스에서 본 무자비한 폭행 장면들이 떠올라 본능적으로 몸이 움츠러들었다. 상황을 벗어나고 싶은 생각뿐이었지만, 어쩐지 자꾸만 편의점 구석으로 몰렸다. 그가 진열대 사이를 건너

더욱 가까이 다가왔다. 더는 뒤로 물러설 수 없었다. 그때 멀리서 점원이 다가와 그를 불러세웠다. 여기서 소란을 피우지 말라고.

점원의 체구가 그보다 건장했던 게 다행이었을까. 그는 점원과 조금 실랑이를 벌이다 욕설을 내뱉고 밖으로 나갔다. 나는 무엇을 사러 이곳에 왔는지도 잊은 채 한동안 멍하니 편의점 안을 서성였다. 좋아하지도 않는 과자나 음료 따위를 들고 계산대로 갔을 때 점원이 내게 말했다. 조금 후에 나가라고. 아직 그가 멀리 가지 않았다고. 밖을 보니 그가 여전히 길 건너에서 비틀거리며 걷고 있었다. 나는 점원의 말대로 조금 더 가게에 머물다 서둘러 숙소로 돌아왔다.

뉴스의 사건들처럼 직접적으로 폭행을 당하진 않았지만 그것에 가까운 위협이었다. 애써 신경 쓰지 않으려 해봐도 이미 많은 것들이 변해있었다. 셔틀버스의 기사도, 호텔 로비의 직원도, 마주치는 투숙객들도. 현지인들의 우리를 바라보는 눈빛과 냉랭해진 태도는 외면하려 해도 마음 깊숙이 스며들었다. 마주칠 때마다 웃으며 기분 좋은 인사를 건네던 서양의 문화도 이제 낯선 동양인은 제외하고 있는 것 같았다. 그때로 다시 돌아가려면 얼마나 오랜 세월이 걸릴까. 전염병으로 갈라진 세상이 과연 예전처럼 이어질 수 있을까.

창문 밖 날씨는 오늘도 이렇게나 아름다운데 산책을 할 엄두가 나질 않았다. 어제의 일이 몸과 마음에 각인되어 있었다. 어쩐지 평화로운 날씨가 폭력적으로 다가왔다. 어제와 같다면 온종일 이렇게 창밖만 바라보는 수밖에 없을 것이다. 우울한 한 시절이 지나가기 전까지는 방어적인 자세로 늘 주변을 경계해야 하는 걸까.

문득 쉬지 않고 지저귀는 새소리와, 해와 달이 공존하는 하늘의 모습이 괴상하게 여겨졌다. 창문을 닫으니 풍경이 사라졌다. 알 수 없는 낯선 장소에 나 홀로 남겨진 기분이 들었다.

지독히도 현실적인

지금 내 삶을 지탱해 주는 대부분의 것들은 끊임없이 반복되는 생업의 토대 위에 세워졌다. 생활이 궁핍과 멀어지니 글만 쓰며 사는 삶에 대한 낭만도 품어볼 수 있었던 것이다. 그것도 모른 채 이제는 낭만만으로도 삶을 살아갈 수 있을 것이라는 착각을 한다.

하지만 낭만은 현실과 맞닥뜨리는 순간 품고 있던 고유한 분위기를 잃는다. 가난할수록 낭만적일 수 있다는 말도 있지만, 가난하면 생존이 위태로운 이 시대에는 어디까지나 말뿐인 말에 지나지 않을지 모른다.

낭만을 만끽하는 이들은 내일의 밥벌이를 걱정하는 예술가가 아닌, 그들을 멀리서 감상하는 여유로운 관객이다. 낭만은 일상의 찰나를 할애해 일탈을 즐기고 다시 제자리로 돌아가는 평범한 이들의 몫이지, 생존하기 위해 낭만을 제작하는 창작자의 몫은 아니다.

낭만을 품고 퇴사를 한 뒤 자신만의 일을 찾아 자유롭고 성공적인 삶을 사는 사람도 많다. 하지만 현실적인 대안없이 패기만으로 퇴사를 한 탓에 뼈저린 후회를 하는 사람은 훨씬 더 많다. 그 사례들을 마주하며 자신은 전자가 될 것이라며 무수한 직장인이 퇴사를 꿈꾼다.

퇴사의 강렬한 유혹을 매번 막아주는 위대한 조력자는 다름 아닌 지독한 현실의 올가미다. 한참은 더 갚아야 하는 대출금과, 멀어진 내 집 마련의 꿈과, 부모님의 불안한 노후와, 사랑하는 사람과의 평범한 미래 같은 것들이 늘 나를 체념시킨다.

가끔은 이런 생각도 든다. 나는 무엇을 위해 지금의 균형을 애써 유지하려 할까. 누구를 위해 무너지지 않으려 할까. 지켜야 할 것이 많아지는 그런 삶을 내가 감당할 수 있을까. 그게 내가 바라는 삶일까 혹은 단지 사회의 기준에 떠밀리고 있는 건 아닐까.

지금의 나는 아직 아무런 준비도 되어있지 않은데, 내게도 손을 뻗으면 닿을 것 같은 꿈이 있는데, 나는 오직 나의 시간을 살아가고 있을 뿐인데. 하지만 누군가 이제는 안정을 찾을 때라 속삭이면, 나도 몰래 휩쓸리고 마는 내 모습이 참 위태로운 날들이다.

언젠가 나는 선택을 할 수 있을까.

현실이 끊이지 않는 한 이 고민에도 끝이 있을까.

너는 이미 그곳에 있어

 짧지만 깊숙한 우화 하나가 있다. 영화 '소울'에도 등장하며 유명해진 이야기이다. 무심코 극장에서 그 장면을 보던 날, 오랜 고민의 근원이 관통된 기분이 들었다. 사실 영화 이전에도 웹상에서 다양한 버전으로 알려졌었는데, 그중에서 개인적으로 가장 인상 깊었던 편이 있다.

 아기 물고기와 엄마 물고기의 대화이다.

 "엄마, 나도 얼른 커서 바다로 갈 거예요. 그곳은 얼마나 더 깊고 넓을까요."
 "애야 무슨 말이니. 지금 네가 헤엄치고 있는 이곳이 바로 바다란다."
 "여기가요…? 여기는 그냥 물일 뿐인데요…"

 바닷속 아기 물고기는 바다의 존재를 알지 못한다. 언젠가 바다를 벗어나 본 적 있는 엄마 물고기만이 멀리서 바다를 뒤돌아보며 아, 내가 바다에 살고 있었구나 깨닫는다. 그 순간은 늘 너무 이르거나 너무 늦게 찾아온다.

언제나 완벽한 선택을 꿈꿨다. 비행이라는 생업과 글쓰기라는 꿈 사이에서 단 하나만 선택해야 그것이 정답이 되는 줄로만 알았다. 경계에 발을 걸친 채 어느 곳으로도 넘어가지 못하는 태도는 비겁한 외면이라고 믿었다.

하지만 선택이 한쪽으로 치우칠수록 중심도 함께 기울어졌다. 현실에만 몰두할수록, 꿈에만 전념할수록, 예상과는 다르게 한쪽 다리가 부러진 의자처럼 삶이 절룩거렸다. 이상한 일이었다. 그토록 바라왔던 순간과 마주했지만 온전히 걸음을 걸을 수조차 없었다.

탁월한 선택이라 믿었던 일이 오히려 불균형이 된 것일까. 그렇다면 가끔은 아무런 선택을 하지 않는 것도 일종의 선택이 될 수 있을까. 한쪽 끈만 놓을 수 없어 안간힘으로 두 가지 모두를 끌어안으려 했던 일, 그 상태가 바로 오래도록 찾아 헤매던 나만의 바다가 아니었을까.

균형 속에서는 균형의 존재를 알지 못한다. 균형을 벗어날 때 비로소 균형의 존재를 깨닫게 된다. 그렇다면 날마다 중심이 흔들리는 이 상황 자체가 어쩌면 완벽한 균형일지도 모른다.

그런 행운이 내 곁에 있다면 부디 너무 늦게 깨닫지 않기를 바라며, 오늘도 묵묵히 사람의 숲으로 걸어 들어간다.

아무 날의 비행일지

Copyright © 2021 by 오수영

1판 1쇄	2021년 08월 27일
1판 2쇄	2021년 09월 10일
2판 1쇄	2025년 08월 11일

글	오수영
편집	오수영
디자인	오수영

발행인	오한조
발행처	고어라운드
출판등록	2021년 4월 12일 제 2021-00000025호
전자우편	grd-books@naver.com
팩스	0504-202-9749
ISBN	979-11-980900-9-6 (03800)

*책의 일부 또는 전부를 재사용하려면 반드시 저작권자와 고어라운드 출판사 양측의 동의를 얻어야 합니다.
*잘못된 책은 구입하신 서점에서 교환해드립니다.